本田真大［著］

援助要請の
カウンセリング

「助けて」と言えない
子どもと親への援助

金子書房

はじめに

　筆者は「助けて」と言えない心理に関する研究と実践を行っています。実践と言っても現在の本職は研究者（大学教員）ですので，大学生時代の教育領域のボランティア（不登校の子どもの援助など），大学院生時代の現場経験，そして大学院修了後の非常勤職という形で，限られた時間のみですが，微力ながら様々な現場で協働させていただいてきたというのが現状です。筆者はこれまで，直接的には教育（幼児と小学生の来談の多い相談室の相談員，中学校と高等学校のスクールカウンセラーなど），医療（小児科心理検査スタッフ，児童思春期対象の精神科臨床心理士）の現場で，また間接的には福祉（母子生活支援施設），保健（母子保健など）の現場で働く専門職（心理士，保健師，助産師など），そして発達障害のある子どもの親同士の支え合い活動（ペアレント・メンター）に関わることで，子どもと親に援助を届ける努力をしてきました。簡単に言えば，幼児期から思春期の子どもと親の臨床実践，特に「学校臨床」と「子育て支援」が主な実践の現場というところです。

　そのような実践の現場で出会う子どもと親の多くは，相談の場に自ら，あるいは誰かに連れて来られています。しかし，「助けて」と言えずに相談につながらない子どもと親，援助する側から見ると援助が必要であると思えるのに「相談に乗るよ」という申し出を拒む子どもと親の話を援助者からうかがい，「どうすればつながっていけるのでしょうか？」と相談されることも少なくありません。現代社会では「助けて」と言えない心理に対する関心は非常に大きいと感じます。

　「困ったらいつでも相談してね」と言って待っているだけではつながらない子どもと親にどのような方法で関わっていくことができるか，筆者が研究している「援助要請」という心理学の理論を解説し，筆者が取り組んできたいくつかの実践を紹介することが本書のねらいです。

　本書において筆者は，「助けて」と言えないことは，言えない子どもや親（個人）の責任ではなく，「助けて」が届かなかったり受け取れなかったりする社会（環境）との両者の関係で生じる問題状況であるという点を強調しています。同時に，「助けて」が届かない，受け取れない環境（周囲の人々）に責任

i

を押しつけることも望ましいとは思っていません。「助けて」と言えずに苦しんでいる人々,「助けて」を受け取る余裕がなく,受け取ることができずに大きな後悔をしている人々をさらに追い込むようなことは全く望んでいません。

　筆者は,地域社会で働き生活する一人として,困りごとが本人にもどうにもできないくらい大きくなってから相談されたときに,「何でもっと早く言わなかったの！！」ではなく,「ここまでよく一人で頑張ってこられたね」,「ごめんね,もっと早く気づけなくて」と素直に言える人間でありたいと思っています。そのような「助けて」と言えない心理への共感的な姿勢を大切にしながら本書を読み進めていただき,読者の皆様のそばにいる「助けて」と言えない子どもや親を尊重しながら「つながる」ための参考にしていただければと思います。また,「助けて」と言えない子どもと親自身の方々にも読んでいただき,「助けて」と言えない心理や,自分が「助けて」と言いやすい状況の理解にほんの少しでも役に立てば嬉しく思います。

　本書は主に「助けて」と言わない（言えない）ものの,援助が必要な子どもと親に関わる方々（教師,保育士,保健師,心理士,親など）を対象として書かれていますが,子どもと親の援助要請に関する研究を中心に広く取り上げ,また援助要請の理論と関連づけた具体的な実践例を数多く紹介する努力をしました。そのため,援助要請の心理学に関心がある研究者,これから研究を行う大学生,大学院生の方々にとっても参考になる部分があろうかと思います。援助要請の心理へのより良い実践を行うためには研究成果の蓄積も必要です。不十分な点もあるかと思いますが,本書が我が国の援助要請研究の広がりに,そして「助けて」と言わない（言えない）人に必要な援助が届くために,少しでも貢献することを願っています。

2015 年 3 月
本田　真大

目　　次

はじめに……………………………………………………………………… i

第 1 部　理論（心理理解）編……………………………………… 1

第 1 章　援助要請の心理学 ……………………………………… 2
　　　第 1 節　「助けて」と言えない人・「助けて」が届かない社会…… 2
　　　第 2 節　「援助を求めること」に関する心理学 ………………… 6
　　　第 3 節　援助要請の研究・実践の 2 つの目標………………… 12
　　　第 4 節　本章のまとめ……………………………………… 16
第 2 章　「助けて」と言わない（言えない）子どもの心理 …… 18
　　　第 1 節　子どもの援助要請の心理………………………… 18
　　　第 2 節　発達障害のある子どもの援助要請の心理………… 26
　　　第 3 節　心理的危機状態にある子どもの援助要請の心理……… 31
　　　第 4 節　本章のまとめ……………………………………… 38
第 3 章　「助けて」と言わない（言えない）親（保護者）の心理
　　　……………………………………………………………… 40
　　　第 1 節　親の援助要請の心理……………………………… 40
　　　第 2 節　発達障害のある子どもの親の援助要請の心理……… 46
　　　第 3 節　心理的危機状態にある親の援助要請の心理………… 50
　　　第 4 節　本章のまとめ……………………………………… 57

第 2 部　実践（援助）編 …………………………………………… 59

第 4 章　援助要請の心理に対する介入方法 ……………… 60
　　　第 1 節　援助要請への介入の理論的枠組み………………… 60

第2節　援助要請態度への介入方法……………………………… 62
　　　第3節　援助要請意図・意志への介入方法……………………… 65
　　　第4節　援助要請行動への介入方法……………………………… 68
　　　第5節　援助要請経路に基づく理解と介入方法………………… 71
　　　第6節　援助要請への介入における留意点……………………… 92
　　　第7節　本章のまとめ……………………………………………… 94

第5章　「助けて」と言わない（言えない）子どもへの援助… 97
　　　第1節　本章の実践（直接的援助）の理論上の位置づけ……… 97
　　　第2節　問題状況の適切な認識を促す実践（【タイプ1】）……… 99
　　　第3節　自己解決の困難さへの適切な認識を促す実践（【タイプ2】）
　　　　　　………………………………………………………………… 107
　　　第4節　相談の必要性の認識を高めるための実践（【タイプ3】）
　　　　　　………………………………………………………………… 110
　　　第5節　身近な人への相談をためらう子どもとのカウンセリングの
　　　　　　実践（【タイプ4】）…………………………………………… 124
　　　第6節　専門家（スクールカウンセラー）に相談しやすい環境づく
　　　　　　りの実践（【タイプ5】）……………………………………… 132
　　　第7節　本章のまとめ……………………………………………… 136

第6章　子育ての悩みを「助けて」と言わない（言えない）
　　　　親（保護者）への援助 ………………………………………… 138
　　　第1節　本章の実践（間接的援助）の理論上の位置づけ……… 138
　　　第2節　本人は困っていないが周囲が困っている場合（【タイプ1】）
　　　　　　………………………………………………………………… 140
　　　第3節　本人は自己解決できていると思っているが周囲にはそう思
　　　　　　えない場合（【タイプ2】）…………………………………… 143
　　　第4節　相談の必要性を感じてもらいたい場合（【タイプ3】）
　　　　　　………………………………………………………………… 148
　　　第5節　身近な人への相談をためらう場合（【タイプ4】）……… 152
　　　第6節　専門家への相談をためらう場合（【タイプ5】）………… 158
　　　第7節　本章のまとめ……………………………………………… 160

第3部　総括編 ……………………………………………… 163

第7章　援助要請のカウンセリング ……………………… 164
第1節　援助要請のカウンセリングの課題 ……………… 164
第2節　援助要請と他の理論との統合の可能性 ………… 167
第3節　本章のまとめ ……………………………………… 169

引用文献 ……………………………………………………… 172
おわりに ……………………………………………………… 186
索　引 ………………………………………………………… 188

【第 1 部】
理論（心理理解）編

第 1 章　援助要請の心理学

第 1 節　「助けて」と言えない人・「助けて」が届かない社会

　現代社会を「助ける-助けられる」という側面から見ると，「助けて」と言えない人（個人），「助けて」が届かない社会（環境）という姿が見えてきます。困っていて助けてほしい気持ちがあるのに「助けて」と言えずに孤立したり悩みを一人で抱え込んだりする，あるいは自分なりに必死で「助けて」と訴えているのに周りの人に気づいてもらえなかったり，周りの人が気づいてもその人を助ける余裕がないほど苦労していたりするなど，かつての地域社会では当たり前のように行われていた「助ける-助けられる」ことが非常に難しくなっているように思います。

(1)　現代社会に見る「助ける-助けられる」ことの難しさ

　「助ける-助けられる」ことがうまくいかず，大きな事故，事件につながってしまうこともあり得ます。例えば，以下のような最近の出来事も，「助ける-助けられる」という側面から考えることができそうです。

　NHKクローズアップ現代取材班（2010）は『助けてと言えない』という本の中で，30代男性の孤独死をきっかけとした取材により，取材者たちから見れば何度も「助けて」と言う機会があったにもかかわらず「助けて」と言えなかった男性の姿を浮き彫りにするとともに，記者自身も「もし自分だったら」と考えるとその状況や心理に共感できる部分があることを記しています。朝日新聞教育チーム（2011）の『いま，先生は』という本では，夢と希望にあふれて小学校教師になった採用後間もない女性たちの死について取材しています。その中で，「誰も助けてくれない」と感じていた女性教師と「支援した」という周囲の教師の認識のずれについて取り上げています。その他にも，子ど

も虐待に関する報道から「誰にも相談できなかった」という親の言葉を聞くことがあります。

　これらは決して稀なことではなく，私たちのすぐそばで起こっても不思議ではない出来事であると思います。もちろん，自分の力で困難や悩みに立ち向かい解決していくことも重要です。しかし，自分一人の力では解決できないとき，あまりに困難が大きすぎるときには誰かに助けてもらったり相談したりすることも欠かせません。「助ける-助けられる」ことが難しい社会とは，本当に困ったときや悩んだときにも自分一人の力で解決することが求められる厳しい社会であるということです。

(2) 「助けて」と言えない子どもと親
　大人のみでなく子どもたちの中にも「助けて」と言えない状況があります。田嶌（2009）は，スクールカウンセラーの活動の中で子ども自身には相談意欲がないように見えて，本人は困っていないものの，周りが困っている状況に遭遇することがあると指摘しています。

　筆者自身がスクールカウンセラーなどの立場で主に中学校・高等学校で子どもたちと出会う中で，相談を恥ずかしい・情けないと感じたり，「相手に迷惑をかけるから」とためらったりする姿を見ることがあります。筆者は「そんなに意固地にならずに，少しは人に頼ればいいのに」と思うこともあります。

　親や家族，教師，スクールカウンセラーなどの大人からすれば，子どもが本当に困っているときこそ（学校に行きたくない，いじめられている，生きているのが辛いと感じる，など），大人にすぐに相談してほしいと思うでしょう。しかし，それらの状況でさえも相談をためらう子どもがいます。子どもが大きくつまずいた後に，「何でもっと早く相談してくれなかったのか」という思いを親や教師が抱き，悔やんだり自分の無力さを味わったりするという話も珍しくありません。反対に，悩みを相談することに抵抗がなく，上手に人に頼ったり助けられたりしながら楽しく学校生活を送っている子どもたちにもたくさん出会います。「助けて」と言えない子どもの数自体は小さいかもしれませんが，重要な課題であると考えています。

　子どもを育てる親も「助けて」となかなか言えないことがあるかもしれません。子どもの悩みを話すことで「子育てが悪い」と責められるのではないか，

陰で噂話をされるのではないかなど，相談しようと思ったときにさまざまな悪い予想や不安が生じることもあるでしょう。また，発達上の困難さや障害のある子どもを育てる親であれば，専門機関を受診することは「子どもの困難さや障害を親として認めることになる」と感じ，子どものためにできることをしたい気持ちとの間で大きな葛藤に苦しむかもしれません。問題状況によっては子どもと親，家族のみで解決できることもあれば，教師の協力や地域社会の福祉サービスを利用することで道が開けることもあるでしょう。とはいえ，「助けて」と言えない親の心理をある程度理解した上で周囲の人が関わっていかなければ，学校や地域社会との関係をうまく結んでいくことは難しいかもしれません。

(3)「助けて」と言えないことの責任の所在

社会の現象もすべて心の動きで説明し割り切ってしまう考え方は心理主義と呼ばれます（山本，1986）が，筆者は「助けて」と言わない（言えない）心理を考える上ではこのような考え方に偏らないことが重要であると考えます。橋本（2012）も「助けて」と言えない人にこそ援助が必要な可能性があり，「助けて」と言えないことを自己責任にしないことの重要性を指摘しています。

「助けて」と言えない心理の理解と援助を取り上げる本書において特に強調したいのは，「『助けて』と言わない（言えない）人の責任にしない」ということです。「助けて」と言えない人には言えないだけの心理的な抵抗感や葛藤があり，それは個人の特徴として完結するのではなく，周囲との人間関係や個人が置かれている社会的な立場や役割，状況などの影響も受けます。そのため，本節の冒頭でも「『助けて』が届かない社会」という表現を用いています。「助けて」と言えない子どもや親が勇気を出して相談することも大切ですが，「助けて」と言えない心理を共感的に理解して関わっていく周囲の人の気遣い，そして「あの子どもはもしかして何か悩んでいるのかもしれない」と気づける親や教師の感受性，これらの周囲の人のあたたかさが「助けて」が届かない社会を変えていく小さなきっかけになればと願っています。

本書では，「折り合い」（田上，1999）という考え方を重視して「助けて」と言わない（言えない）心理をとらえます。具体的には，「助けて」と言えない個人と，その人を取り巻く環境の両方の関わり合いの中で「ある個人が『助け

て』と言えない状況が生まれている」と考えています。このように考えることで，「助けて」と言えない個人がより言いやすくなるために自ら努力していくことも大切であり，同時に「助けて」と言いやすくするために周囲の人や環境を変えていくことも同じくらい大切であるという発想になります。筆者は子どもの「助けて」と言えない心理を研究することが多いため，すべてを周囲の人や環境の責任にするのではなく，個人が成長・発達していく側面も重要であると考えています。

　「助けて」と言えないことや「助けて」が届かないと感じることは，現代社会の中で多くの人が経験することでしょう。そのような状況の理解や自分自身の「助けられること」に関する心理の理解を深めるような情報提供が，本書を通してできればと思います。加えて，悩みごとを友人や親，教師に相談できずに不登校などの状態になって初めて周りの人に気づいてもらえる子どもたちや，地域社会との関係が疎遠で孤立していると見られている家庭・家族の心理をどのように理解し，援助していくかという点についても解説します。「助ける－助けられる」心理の個人差をどのように考えればよいのか，そもそも「助ける－助けられる」心理をどのようにとらえることができるのか，本書では特に「助けられる」心理を追及していきます。

(4) 本書の構成

　第1部【理論編】と第2部【実践編】はそれぞれ【全体像】，【子ども】，【親】の3点から構成されています。第1部【理論編】では「援助要請」の心理を紹介し（第1章），「助けて」と言わない（言えない）子ども（第2章），親（第3章）の心理理解について解説します。第2部【実践編】では，「援助要請」への介入研究を整理した上で（第4章），子ども（第5章）と親（第6章）の事例を基に援助の方法を解説します。これらの章では「助けて」と言えない子どもや親と「つながる」ための方法を提案します。最後の第3部【総括編】では今後の援助要請のカウンセリングについて述べます（図1-1）。

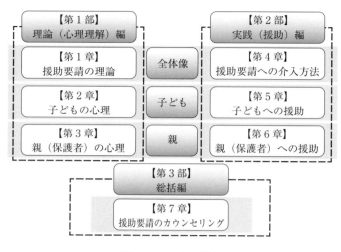

図1-1 本書の構成

第2節 「援助を求めること」に関する心理学

本節では「助けて」と言わない（言えない）心理の研究の大枠を解説し，「助けて」と言えない人の心理のとらえ方を紹介します。

(1) 援助要請の定義と意義

「助けて」と言うこと，すなわち他者に援助を求めることは，心理学では「援助要請（help-seeking）」という概念で1970年代後半から研究され始めました。心理学の研究の中では，他者を援助すること（援助行動）やソーシャルサポート[1]に関する研究の方が先に多く行われていましたが，その後の研究の大きな動向の中で，自ら援助を求めることにも関心が寄せられるようになってきました（松井，1997；2001）。このような心理学の関心や研究の流れも現代社会の世相を反映しているのかもしれません。

---

[1] ソーシャルサポートとは，日頃の人間関係のある相手（友人，母親，父親，教師，など）から与えられる，形のあるもの（物を貸してくれる，など）と無いもの（励まし，慰め，など）を含めたさまざまな助けのことである（南・稲葉・浦，1987）。ソーシャルサポートの種類は，情緒的（励まし，など），評価的（良い点を伝える，など），道具的（物や場所を貸す，など），情報的（アドバイス，など）の4種類に分類される（House, 1981）。

援助要請とは，例えば，難しい問題を解くのに先生や級友に助言をもらう，旅先で道を尋ねる，怪我をしたときに医者に援助を求める，心理的な苦悩をもつ人が友人や精神科医に話すなど，さまざまな内容を含むものですが（DePaulo, 1983），近年では一般的な日常生活場面のみでなく，専門家（医師，カウンセラーなど）への援助要請行動にも関心が高まっています（久田，2000）。本書では，身近な人や専門家に悩みを相談することを中心に解説します。援助要請は個人が問題を解決する可能性を高めるために有益であるとされています（DePaulo, 1983）。実際に，心の病[2]のことでカウンセリングを利用することによって個人の問題は軽減される可能性が高まるでしょう。

(2)　援助要請の諸概念

　「助けて」と言わない（言えない）心理を，援助要請研究では大きく3つの側面からとらえています（本田・新井・石隈，2011）。

援助要請態度（attitude toward help-seeking）[3]：

　第1の側面は，相談することに対する態度や考え方（援助要請態度）です。大畠・久田（2010）は日本の現状に即した心理専門職（学校，病院，相談機関などの臨床心理士や心理カウンセラー）への援助要請に対する態度を測定する尺度を作成しており，尺度に含まれる質問項目は期待感と抵抗感という2つの側面に大きく分類できます（表1-1）。国内で研究されている援助要請態度尺度の多くは，援助を求めることに対する肯定的-否定的な態度や認知（考え方，信念）を測定しています。援助要請態度の側面からとらえると，「助けて」と言わない（言えない）人とは「援助を求めることや相談することに期待感が低く，抵抗感が強い人」と表現することができます。

---

[2]　本書では山崎・的場・菊澤・坂野（2012）の考え方に基づき，精神障害（mental disorders），精神疾患（mental illness）などの用語を「心の病」という表記に統一した。

[3]　援助要請態度という用語のほかにも，援助要請に対する感情や認知（考え方，信念）はさまざまな概念（例えば治療不安，被援助バリア，など）から検討されている。心理学研究において「態度」にはさまざまなとらえ方があるものの，研究上は「個人内の，ある特定の対象に対する，比較的安定して持続する，評価あるいは感情」と操作的に定義されるように（土田，1992），「態度」の概念には認知や感情の成分が含まれている。したがって，本書では治療不安，被援助バリアなどを広義の援助要請態度の下位概念であるととらえた。

表 1-1　心理専門職に対する援助要請態度（大畠・久田（2010）を基に作成）

態度の 大分類	心理専門職に対する 援助要請態度	内容
期待感	専門性に対する 信頼と期待	有効な解決方法が見つかる ありのままの自分を受け入れてもらえる
抵抗感	汚名に対する恐れ	相談したら，周囲の人は私に精神的な問題があると思うだろう
	特殊な状況に対する 抵抗感	相談することは特別なことと思えるので，構えてしまう
	心理的援助に対する無関心	相談するなんて，思いもつかない そもそも心理専門職に相談することに興味がない

援助要請意図（intention to seek help）・援助要請意志（willingness to seek help）：
　第2の側面は，相談しようという思い（援助要請意図，援助要請意志）です。「相談しよう」と意思決定することやその意思の強さと言うこともできます。援助要請意図は「もし今悩んでいるとしたら相談すると思うか」（Ciarrochi, Wilson, Deane, & Rickwood, 2003; Wilson, Deane, Chiarrochi, & Rickwood, 2005; Deane, Wilson, & Russell, 2007），援助要請意志は「これから先に悩んだとしたら相談したいと思うか」（Garland & Zigler, 1994）と先行研究にあります。いずれも「助けて」と言わない（言えない）人は「困ったり悩んだりしていても，誰かに相談しようと思わない（思えない）人」ということです。厳密に言えば援助要請意図と援助要請意志は異なるが，測定方法上は近い概念であると考えてよいと思います（本田ほか，2011）。

援助要請行動（help-seeking behavior）：
　第3の側面は，実際に相談する行動（援助要請行動）です。実際に相談したのかしなかったのか，または一定期間（過去1ヶ月間など）にどのくらい相談したのか，という具体的な行動によってとらえる側面です。援助要請行動の研究では，過去に実際に相談した経験の有無や量について取り上げています（Rickwood & Braithwaite, 1994; Wilson et al., 2005; 本田・石隈・新井，2009）。援助要請行動の側面から見ると，「助けて」と言わない（言えない）人とは「過去も現在も困ったときや悩んだとき，自分一人で解決できない状況

に遭遇しても，相談していない人」と見なすことができます。
被援助志向性（help-seeking preference）：
　上述の分類のほかに被援助志向性というとらえ方があります。水野・石隈（1999）の研究によって提唱された概念であり，近年の日本における多くの援助要請研究がこの定義を踏まえており，実際の研究では援助要請の態度と意図・意志を含む広い概念として扱われています（本田ほか，2011）。
援助要請の概念同士の関係：
　援助要請のとらえ方はさまざまであっても，すべてが「悩みを相談すること」という同じ現象を違う側面からとらえているため，お互いに関連し合っていると考えることができます。例えば援助要請の3つの側面は，個人の態度や認知（考え方，信念）といった内面的な部分（援助要請態度），援助を求めたり相談したりする行動に向けた意思決定（援助要請意図・援助要請意志），他者にも観察できる実際の行動（援助要請行動），というように，個人の考え方から行動に至る連続線上の異なる側面を意味しているととらえることができます（本田ほか，2011）。実際の研究データからも，専門家への援助要請態度と援助要請意図が関連すること（Vogel, Wade, & Hackler, 2007），身近な人に対する援助要請意図と3週間後に測定した実際の援助要請行動が関連すること（Wilson et al., 2005）などが明らかになっています。しかし，実際には問題の種類や問題状況，援助要請の相手（身近な人か専門家か）などによって概念同士の関連の強さは異なっています。
援助要請経路（help-seeking pathway）：
　人が悩んでから相談するまでの心理の流れの中で，援助要請の態度，意図・意志，行動の関係を解説します。人が悩んでから相談するまでの心理の流れは援助要請経路と呼ばれ（Srebnik, Cause, & Baydar, 1996），これに該当する研究は数多くありますが，ここでは本田（2014）の理論を紹介します（図1-2）。この理論は先行研究を踏まえつつ，第4章以降で解説する具体的な援助方法を考える上で有用な点を中心にして，悩んでから相談するまでの大まかな流れを示したものです。
　まず，人が相談することの第1の段階は「問題状況の認識」です。つまり，何か困ったことがあるか，悩みごとがあるか，という段階です。困りごとがなければ相談することはありませんので，相談する上での前提と言ってもいいで

第 1 章　援助要請の心理学

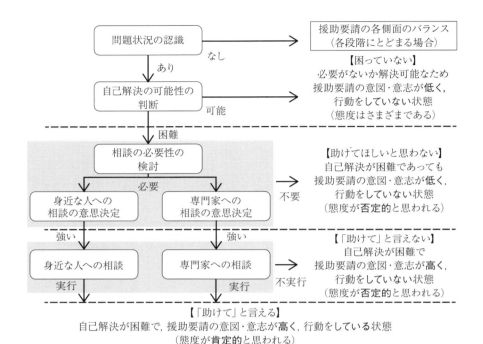

図 1-2　援助要請経路と援助要請の各側面のバランス
（本田（2014）を基に作成）

しょう。
　第 2 の段階は「自己解決の可能性の判断」です。困りごとのすべてを相談する必要はなく、それほど重大でも深刻でもなければ自分の対処で十分に解決できます。また、多少の困難を伴ったとしても、自分の力で乗り切る経験を得ることが自分にとって重要であると思えることもあるでしょう。さらに、時が過ぎるのを待っていたり、何もせずにやり過ごしたりすることで自然消滅することもあり得ます。日々の生活の中で気がついてみると、些細な問題状況のことを忘れてしまっていることもあるでしょう。それで支障がなければ、やはり相談する必要はありません。
　問題状況を認識し、自己解決が難しいと判断された場合、第 3 の段階は「相談の必要性の検討」です。この段階では、自分が行うさまざまな対処方法の中

10

で,「他の人に相談する」という対処が必要かどうかを検討することになります。一般には,自己解決できないような問題状況を未解決のままにしておくことは,不快・苦痛であるため,他者に頼ることになります（高木,1997）。

相談の必要性があると意思決定した第4の段階は,身近な人（インフォーマルな援助資源）と専門家（フォーマルな援助資源）のそれぞれに対する「相談の意思決定」の段階です。多くの場合,人はまず身近な人に相談することを選び,必要に応じて専門家への相談も検討するでしょう。非常に深刻な悩みを抱えて日常生活に大きな支障をきたす（学校や仕事に行けない,身体的な不調が長期間続く,など）場合には,専門家への相談が必要になることが多いでしょう。もちろん,専門家に相談する場合であっても,身近な人にも相談しながら専門家にも相談する,という形で生活していく人もたくさんいることでしょう。第3段階と第4段階をまとめて相談の意思決定をする段階といえます。第3段階は相談を「するか,しないか」,第4段階は「誰にするか」という意思決定の段階です。

相談する意思決定をした後は,身近な人にでも専門家にでも,相談することが最後の第5段階となります。両方に共通することは,「相談したい」と思っても相談しない場合と実際に相談する場合がある,ということです。

援助要請経路における援助要請態度,意図・意志,行動の位置づけ:

図1-2の援助要請経路の中では,援助要請意図・意志は第3段階と第4段階,援助要請行動は第5段階と対応します。援助要請態度は個人が悩む前からもともと有しているものなので,援助要請経路の全体に影響を与えることが想定されます（本田,2014）。具体的にどの段階に強く影響するかは,今後の研究で明らかにする必要があります。

これらの段階を援助要請の各側面の関係から考えると,第1段階と第2段階を通過しない場合,およびそれらの段階を通過しても意思決定の段階である第3段階と第4段階を通過しない場合は,「援助要請の意図・意志が低く行動していない状態」です。意思決定の後に第5段階を通過しない場合は,「援助要請の意図・意志が高く行動していない状態」です。そして,第5段階を通過すると「援助要請の意図・意志が高く行動している状態」です。援助要請態度は個人が悩む前から有しているものなので,各段階において否定的な人も肯定的な人もいると考えられます。しかし,少なくとも第3段階で自己解決が困難で

も相談を必要と考えない人と第4段階で相談したいと思っても行動しない人の中には、かなり否定的な態度を有している人がいる可能性が高いでしょう。

このように人が悩みを抱えてから相談するまでの心理的な流れの中で援助要請の各側面（態度，意図・意志，行動）を組み合わせてバランスを見ていくと、「助けて」と言わない（言えない）人の心理は、「困っていない」、「助けてほしいと思わない」、「『助けて』と言えない」という3つに大きく分類できそうです。第4章では、この心理的な流れに沿って「助けて」と言えない（言わない）人の心理を詳細に分類し、子どもと親の具体的な事例をもとに解説します。

なお、図1-2では上から下に流れる形で心理の流れが表現されていますが、他の援助要請経路に関する理論と同様に上の段階に戻る心理も働くと想定します。そのため、図1-2のモデルでは5つの段階を行き来しながら、ある時点での心理状態としてどの位置にあるかを考えることになります。

第3節　援助要請の研究・実践の2つの目標

本節では、援助要請の研究・実践がめざす2つの目標を紹介します。筆者はこれまで行われてきた援助要請の理論や実践に関する研究から、最終的な目標（望ましい援助要請行動）は「最適で機能的な援助要請行動」であると考えています。「最適」とは過不足ない量であること、つまり「程よい援助要請行動」です。「機能的」とは援助を求めた結果が望ましいものであること、つまり「上手な援助要請行動」を意味し、援助要請行動の質（上手さ）に関する目標です。これらは研究の目標であると同時に、援助要請への介入の目標（ゴール）でもあります。

(1) 最適な（程よい）援助要請行動

援助要請研究には大きく2つの方向性があります。1つは人が悩んでから相談するまでの過程の研究であり、主要な問題意識は過少な援助要請、つまり「人はなぜ援助を求めないのか？」というものです。第1節で述べたように、現代社会の中では本当に援助が必要であっても援助を求めないことがよく見られます。専門的なメンタルヘルスサービスも例外ではなく、心の病のある人

（援助の必要性が高い人）と実際のメンタルヘルスサービスの利用者の割合の間には大きな乖離があります。援助要請研究ではこのような現象を「サービスギャップ」と呼びます（Stefl & Prosperi, 1985）。

反対に，過剰な援助要請，すなわち「人はなぜ援助を求めすぎるのか？」という問題意識もあります。これは依存的援助要請（問題状況の解決のための十分な自助努力を行わずに不必要な援助を求めること）（Newman, 2008）として研究されていますが，いまだ研究は多くありません。筆者がスクールカウンセラーや大学教員として学校に行くと，「昔は子ども同士で解決していたトラブルを，今は教師に相談しにくる」という話を多く聞くようになりました。これはコミュニケーション能力が低下している姿として語られますが，見方を変えると自分1人で解決できない，子ども同士で解決できないために，教師に多く援助を求めている状況と見ることもできます。教師から見ると，過剰な援助要請の状態に見えるかもしれません。

どちらの問題意識の研究であっても，目標は「最適な援助要請行動」になります。これは，自分で解決できることは自分で解決し，解決が困難な場合は援助を求めるという自律的な援助の求め方ということです。このように分類することで，最適な援助要請行動は「自己解決が困難で援助が必要なときに援助を求める行動」となります。本書では，過少な援助要請に関する研究と実践を中心に紹介します。

(2) 機能的な（上手な）援助要請行動

援助要請研究のもう1つの方向性は，援助要請行動を実行してからその結果までの過程の研究であり，主要な問題意識は「人はどのように援助を求めると健康になるのか？」というものです。

この研究の必要性を裏づけるデータがあります。まず，佐藤・渡邉（2013）が小学4〜6年生739名に行った調査では，友人関係の悩みの援助要請行動をしたが解決しなかったと回答した児童は，保護者に相談した割合は26.4%（159名中42名），友人に相談した割合は29.8%（124名中34名），担任教師に相談した割合は16.4%（61名中10名）でした。さらに，本田（2009）が中学3年生122名に行った調査では，「相談してよかったと思ったことがない」生徒（相談したことのない生徒も含まれている点には注意が必要）の割合は

35.2%、そして「相談しなければよかったと思った経験がある」生徒の割合は18.0%となっており、日常的な人間関係の中で「悩んだときは相談しよう」と安易に相談を勧めるだけでは相談者にとって望ましい結果とならない可能性があることが分かります。もちろん、他者に援助を求めても解決が難しいほどの問題状況もあるでしょう。しかし、上述の割合はそうした状況が含まれているとしても少ないとは言えないと思います。

相談して傷つくことがあるのは親も例外ではありません。例えば、子どもが知的障害の診断を受けたときに、医師やその他の医療専門職との関わり合いの中で、親が子どもの障害に対するスティグマ[4]を感じ始めることが示唆されています（藤井, 2000）。

そこで、機能的な援助要請行動という研究目標が出てきます。いまだ研究は多くありませんが、近年の研究には援助評価と援助要請スキルがあります。

援助評価：

悩みの相談に限らず、援助要請行動の後には自分自身が受けた影響を問題解決の程度（困りごとや悩みごとがどの程度解決したか）と、自尊感情[5]への影響の程度（相談したことで自分のプライドが保たれたか）の側面から振り返るとされます（高木, 1997）。これらの理論的枠組みに基づいて、本田・石隈（2008）は悩みを相談した後の援助評価を明らかにしています（図1-3）。

援助評価とは相談したときやその後に生じる認知（考え方）のことです（本田・石隈, 2008）。日常的な経験としては、悩みごとを相談したときに自分の中にいろいろな考えが浮かんできたり、家に帰って1人になってから相談時に自分が言ったことや相手に言われたことを振り返って整理したりするときの認知（考え方）をとらえた概念です。

問題解決に対しては「どうすればいいかがはっきりした」など、自分の置かれた問題状況が改善・好転したという考え方（「問題状況の改善」）と、「ばかにされたと思った」など、今後対処していく上で新たな苦痛や迷いが生じたと

---

[4] スティグマにはさまざまな定義があるが、中根・吉岡・中根（2010）は「望ましくないとかけがらわしいとして他人の蔑視と不信を受けるような属性」と定義し、ある属性に与えられたマイナス・イメージとして考えられるものであるとされる。スティグマと援助要請の関連については第4章を参照していただきたい。

[5] 自己に対する評価感情で、自分自身を基本的に価値あるものとする感覚であり（遠藤, 1999）、自尊心とも呼ばれる。

第3節　援助要請の研究・実践の2つの目標

図1-3　4種類の援助評価（本田・石隈（2008）を基に作成）

いう考え方（「対処の混乱」）の2つの評価の側面があります。自尊感情への影響に対しては「自分の味方をしてくれる人がいると思った」など，自分を助けてくれる存在を実感するような考え方（「他者からの支えの知覚」）と，「自分が他の人に頼りすぎていると思った」など，相談したこと自体を否定的に振り返る考え方（「他者への依存」）があります。援助評価の点から機能的な援助要請行動をとらえると，「問題状況が改善し，自分を支えてくれる他者の存在を実感できるような援助要請行動」と表現できます。

　1ヶ月間の追跡調査の結果，中学生が相談した後に肯定的な援助評価（「問題状況の改善」，「他者からの支えの知覚」）をすることはストレス反応を和らげ学校生活がより楽しくなる一方で，否定的な援助評価（「対処の混乱」，「他者への依存」）はストレス反応を高め，学校生活の楽しさを減じることが明らかになっています（本田・新井，2008）。援助評価の側面からは，機能的な援助要請行動とは「相談した後に問題状況が改善し，自分を支えてくれる周囲の（身近な）人の存在を実感できるような相談の仕方」ということです。

援助要請スキル：
　援助要請行動の質に関して，高木（1997）は援助要請の方法として，直接助けを求める方法，第三者を通して間接的に助けを求める方法，そして直接的

15

にも間接的にも援助要請せずに援助が必要であることを相手に気づかせることで援助を申し出るように仕向ける方法を挙げています。

ここでは援助要請スキルを紹介します。援助要請スキルとは実際に援助を求める行動1つひとつの質に関する概念であり，ソーシャルスキル[6]の1つです。いくつかの援助要請スキルが提案されていますが，ここでは本田・新井・石隈（2010），Honda, Arai, & Ishikuma（2010）による援助要請スキルを紹介します。個人が援助要請する意思決定をした後の心理的な過程として，相川（1989）は援助要請を行う相手を選択する過程と，その相手に援助要請の方略を用いる過程を挙げています。本田ほか（2010），Honda et al.（2010）では相川（1989）の研究に基づき，大きく3つの側面から援助要請スキルをとらえています（表1-2）。援助要請スキルは相談することの上手さに関するものです。

機能的な援助要請行動の点からは，むやみに相談を促すのみではなく，上手な相談ができるように関わること，そして相談されたときに肯定的な援助評価ができるような援助者や環境の体制を整えておくことが重要です。

第4節　本章のまとめ

本章では，現代社会を「助けて」と言えない，「助けて」が届かない社会であるととらえた上で，心理学における援助要請の概念を中心に紹介してきました。さらに，相談するまでの心理の流れのみでなく，相談の仕方（援助要請の質）に関する研究や相談した後の心理の研究から，望ましい援助要請行動の在り方を指摘しました。援助要請にはさまざまなとらえ方があり，それらによって「助けて」と言えない人の相談をためらう心理の見え方，上手な相談の仕方が多様であることをお伝えできたかと思います。

援助要請研究のめざす目標は大きく2つに集約できます。1つは最適な援助要請行動，つまり程よく（過不足なく）援助を求めることです。本章の説明では「助けて」と言わない（言えない）人が必要に応じて言えるようになるこ

6）ソーシャルスキルにはさまざまな定義があり，例えば「対人関係を円滑に運ぶための知識とそれに裏打ちされた具体的な技術やコツを総称したもの」と説明される（佐藤・相川 2005）。

表1-2 援助要請スキルの内容（本田ほか，2010を基に作成）

援助要請スキルの側面	具体的なスキルの内容の例
相手を選択するスキル 良い相談相手を選ぶこと	真剣に助けてくれそうな人を何人か思い浮かべる 助けてほしい相手に余裕があるか確認する
援助要請の方法のスキル 相談する方法を複数知っておいて，その中から選ぶこと	相談の仕方を何通りか考える （直接，メール等，別の人に言ってもらう，など）
伝える内容のスキル 相談するときに相手に言う内容	困りごとを自分の中で整理する，相手にしてほしいことを伝える，助けてほしい理由を言う
援助要請スキルからとらえた機能的な援助要請行動 自分の悩みに応じて適切な相談相手と相談方法を選び，相手に配慮しながら自分の思いを分かりやすく伝える相談	

と，つまり援助要請行動を増やすことが大切な場合があることを強調しましたが，援助要請行動には過少な（少なすぎる）場合もあれば過剰な（多すぎる）場合もあり，最適な水準をめざすことが重要であると考えます。過剰な援助要請行動は周囲の人から「甘えすぎだ」，「もっと自分でやってほしい」と否定的な評価を受けやすくなるでしょう。

　もう1つの目標は，機能的な援助要請行動，つまり上手に援助を求めることです。ただ単に援助要請行動の量を最適にするだけでなく，質の高い援助要請行動を行うことが個人の精神的健康につながると思います。

　以降では，本章の援助要請に関する理論的枠組みを基にしながら，現代社会の実態を参照しつつ，「助けて」と言わない（言えない）子どもと親（保護者）の心理を解説します。

第 2 章 「助けて」と言わない（言えない）子どもの心理

第 1 節　子どもの援助要請の心理

(1) 乳幼児期の援助要請

　幼児から高校生の頃までの子どもの援助要請は，大きく 3 つの点から研究されています。それらは，具体的な問題解決を行う場面（難しいパズルを解くときなど），学校の授業中に分からない問題があった場面（授業中に分からないことを教師に質問するときなど），そして悩みごとを相談する場面です。子どもの年齢が低いほど具体的な問題解決場面での研究が多く，小学生以降では学業的援助要請，そして思春期（第二次性徴を迎える頃）以降になると悩みの相談に関する研究が多くなってきます。

　乳児期（概ね 1 歳 6 ヶ月頃まで）[1]の子どもが援助を求める方法は，泣く，大声を出す，手足をばたつかせる，などです。特に生まれたばかりの赤ちゃんは，空腹などの不快感を分かってほしくて，大袈裟ではなく命を懸けて大声で泣き叫びます。それに親が応え続けることで，子どもと親の間に信頼関係が形成されていきます。

　幼児期（概ね 1 歳 6 ヶ月頃〜就学前まで）の子どもの援助要請の内容は，例えば「絵を描いていたら赤いクレヨンがなくなってしまって，お友だちに貸してほしい」，「運動会の練習中，自分が今はどこに並んでいればいいのか分からない，誰かに教えてほしい」，「お弁当をお友だちの○○ちゃんと一緒に食べたいけど，恥ずかしくて言えない，先生に代わりに言ってほしい」，など，具体的な困りごとの解決が目的となることが多いでしょう。幼児を対象とした研究

---

[1] 発達段階ごとの年齢の区分はいくつかあるが，一般には乳児期とは 0〜1 歳半，幼児期は 1 歳半〜6 歳頃までとする場合が多い（岩井，2006）。

では具体的な問題解決場面での援助要請を調べています。例えば2～5歳児が難しいパズルを解く際に実験者（大人）に援助を求める行動は，直接的なもの（「代わりにやって」など）と間接的なもの（「できない」など）から分析されています（Thompson, Cothran, & McCall, 2012）。幼児を対象とした援助要請研究からは，2～5歳児は難しいパズルを解く場面でピースの組み合わせが難しくなるほど援助要請行動が増えること，年上の子どもの方が最も難しいピースの部分で多く援助要請行動を行ったこと，同じくらいの速さでパズルを完成させた場合では女児は年齢が上がるにつれて援助要請行動が多くなったことが分かりました（Thompson et al., 2012）。別の研究からは，2, 3歳児が問題解決場面で良い援助者を選んで助けを求め，2歳児よりも3歳児の方が多く援助要請行動をすること（Cluver, Heyman, & Carver, 2013），3歳児と6歳児に4つの課題（動物の絵を描く課題，ブロックで家を作る課題，鳥を完成させるパズルの課題，音合わせの課題）を行う際に，女児の方が男児よりも早く援助要請行動を行ったこと，音合わせ課題以外の3つの課題で3歳児の方が6歳児よりも援助要請行動を早く行ったこと，などが分かりました（Benenson & Koulnazarian, 2008）。乳幼児期の援助要請研究を深めることで，「助けて」と言わない（言えない）心理が人間の成長・発達のどの時期に，どのように形成されていくのかを把握することが期待されます。

　なお，乳幼児の援助要請行動を子ども本人が困ったとき（恐怖や疲労などを感じたとき）に特定の人物（母親など）に接近する行動という見方をするとアタッチメント行動としても理解でき，乳幼児期の援助要請とアタッチメントの異同を明確にすることも研究上求められています（本田，2015）。

(2) 児童期，思春期の援助要請行動，援助要請意図

　ここでは，援助要請行動と援助要請意図の点から子どもたちの実際の姿を見てみます。小学生の悩みの相談の実態調査は小学4年生以上を対象とするものが多いようです。例えばベネッセ教育総合研究所（2010）では，小学4年生～高校2年生を対象として，2004年と2009年に同様の調査を実施し，子どもたちの実態の変化を明らかにしています（表2-1）。その結果，ほとんどすべての子どもが1人以上は友だちが「いる」ものの，「悩みごとを相談できる友だち」が「いない」と回答した子どもは，男子では16.9%（約6名に1名），

表 2-1　友だちの数と悩みの相談に関する実態
（ベネッセ教育総合研究所（2010）を基に作成）

	小学4～6年生		中学1～3年生		高校1～2年生	
	男子 1,814名	女子 1,745名	男子 2,012名	女子 1,896名	男子 3,306名	女子 3,005名
日頃よく話す，一緒に遊ぶ友だちがいない	1.6%	1.3%	2.4%	1.2%	3.4%	0.5%
悩みごとを相談できる友だちがいない	16.9%	8.3%	15.2%	6.6%	11.5%	5.7%

女子では 8.3%（約 12 名に 1 名）となっています。このような傾向は中学生，高校生でも同様でした。「一緒に遊ぶ友だちはいるけど，相談できる友だちはいない」という子どもがある程度いることが読み取れます。

第 1 章第 3 節で紹介した佐藤・渡邉（2013）の研究からは，小学生にとって保護者は最も多く選ばれる相談相手でもあり，相談をためらう相手でもあります。なお，最初から相談しようと思わなかった子どもも多い割合ですが，このなかには「悩むことはよくあったけれど，相談するほど深刻ではなかった」，「悩むことは多かったけれど，自分で解決できた」という子どもも含まれていると思われるので，この数字すべてを否定的なものととらえる必要はないでしょう（表 2-2）。

近年の中学生・高校生の悩みの相談の実態を，本田・新井・石隈（2009）は関東の公立中学校 8 校の生徒 3,342 名のデータを分析し，調べました。相談相手は友人，先生，親（保護者），きょうだい，その他の人などさまざまで

表 2-2　相談をためらう小学生の割合（佐藤・渡邉（2013）を基に作成）

	相談した	相談したいと思ったがしなかった	最初から相談しようと思わなかった
保護者が相手の場合	51.3%	16.7%	31.4%
友だちが相手の場合	25.7%	15.2%	58.1%
担任が相手の場合	11.1%	13.3%	74.6%
養護教諭が相手の場合	4.7%	7.0%	87.2%
スクールカウンセラーが相手の場合	0.7%	4.1%	94.0%

す。主な分析の結果より，中学生の女子は約 60% 以上が中学校入学後に相談した経験があり，かつ，深刻な悩みを相談していること，一方で，相談経験のある男子は約 30 〜 40% と女子より少なく，相談する悩みも深刻でない悩みが多い傾向がありました。

悩みの内容や相談相手を細かく尋ねた石隈・小野瀬（1997）の調査から（表 2-3），中学生と高校生で悩む生徒の割合が大きく異なってくることが見受けられます。その理由として，学習面や進路面の悩みはある程度具体的であり，中学生にとって意識されやすい一方で，心理・社会面の悩みは意識化されにくいことが挙げられます（石隈，1999；石隈・小野瀬，1997）。

表 2-3　中学生・高校生の悩みの内容と割合（石隈・小野瀬（1997）を基に作成）

領域	内容	中学生の割合	高校生の割合
学習面	もっと成績を伸ばしたい	84%	82%
	意欲がわかず，勉強する気になれない	74%	83%
	教科の先生の接し方や教え方に不満がある	57%	65%
	授業の内容が分からなくてついていけない	55%	72%
心理・社会面	友人との付き合いをうまくやれるようにしたいと思う	55%	59%
	担任や部活動の顧問などの先生に対して不満がある	47%	44%
	自分の性格や容姿のことで気になることがある	45%	63%
	自分の性や異性との交際のことで悩みがある	35%	53%
	なぜかひどく落ち込んだり逃げ出したい気分におそわれる	38%	50%
進路面	自分の進学や就職先の選択についてもっと情報がほしい	59%	77%
	将来の自分の職業，自分の生き方，進路に助言がほしいとき	56%	72%
	自分の能力，長所，適性を知りたい	50%	63%
	自分の内申書にどんな内容のことが書かれているのか気になる	52%	32%
	進学や就職のための勉強や準備にやる気が起きない	47%	65%

注：各悩みについて 4 件法で尋ね，「よくある」「ときどきある」と回答した生徒の割合を示した。

さらに，石隈・小野瀬（1997）の調査結果で取り上げたいのは以下の2点です。1つは，相談相手に親を第1位に挙げた生徒は，中学生では23%，高校生では15%とその割合が低下することです。このことは，思春期の前半から後半にかけて次第に親から離れていくことと関連していると思います。もう1つは，相談相手に「誰にも相談しない」を第1位に挙げた中学生，高校生がどちらも38%いたことです。もちろん，悩んだときに相談しないで自分の力で乗り越えようと努力することは大切なことですし，実際に乗り越えることができて成長することもあるでしょう。しかし，この38%の中学生，高校生の中には，本当は相談したいのに「助けて」と言えない生徒が含まれている可能性があります。

　そのような「助けて」と言えない生徒の実態を直接検討した永井・新井（2005）は，悩んだときに誰にも相談しない生徒を「相談意図のない者」と「相談したくてもしない者」に分類しています。関東地方の中学生2,075名のうち，悩んだ経験がある程度あった生徒のみを対象として悩み（友人との付き合いがうまくいかなかったり友人がいなかったりした，など）があったときに「相談したいと思ったがしなかった」という生徒は，相談相手が友だちである場合に（友だちに相談したいと思ったがしなかった生徒）は14.0%と最も多く，次いで保護者（13.0%），教師（9.1%），スクールカウンセラー（4.9%）でした。

　これらの実態調査から，援助要請意図があっても援助要請行動を行わない子どもたちの存在が指摘できます。本田（2015）はこのことを「援助要請意図と援助要請行動のギャップ（gap between help-seeking intention and behavior）」と呼んでいます。

(3) 児童期，思春期の援助要請態度

　第1章で紹介したように，援助要請態度は期待感と抵抗感の2側面に分類できます。しかし，小学生の援助要請態度は期待感（「嫌なことがあったとき，誰かに話を聞いてもらうことで気持ちが楽になると思う」など）と抵抗感（「自分の問題は自分で解決するべきで，誰かに相談するのは，よくない」）に分化しておらず，「相談するとよいか，よくないか」と認識されているようです（西谷・桜井，2006）。

表 2-4 援助要請態度の 2 つの側面 (本田ほか (2011) を基に作成)

援助要請態度の側面	具体的な内容の例
期待感	問題解決のために適切な助言がほしい 援助や助言は問題解決に大いに役立つだろう
抵抗感	自分の抱えている問題を解決できないだろう 自分の期待どおりに応えてくれるかどうか心配になる 相談内容についての秘密を守ってくれないだろう

　思春期になると，期待感と抵抗感として別々にとらえられます。本田ほか（2011）は中学生の友人，家族，教師に対する援助要請態度[2]について検討し，どの相手に対しても期待感と抵抗感[3]の 2 つの側面があることを明らかにしました（表 2-4）。そして，中学生では，男子よりも女子の方が家族と友人に相談することの期待感が高いことが分かりました（本田ほか，2011）。このような期待感の側面は中学生の友人への援助要請意図と関連するため（永井・新井，2007）[4]，実際に女子の方が男子よりも相談する生徒が多いことの背景には期待感の高さが特に影響していると考えられます。

　水野（2007）が明らかにした中学生のスクールカウンセラーに対する援助要請態度[5]の中身も，期待感の内容（「悩んでいることを尊重してくれそうだ」など）と抵抗感の内容（援助要請スキルの不足（問題をうまく伝えられない，自分の問題をどのように話したらよいか分からない，など），自分のことを話

---
2) 本田ほか（2011）の原文では「被援助志向性」であるが，援助要請の 3 つの分類の中では援助要請態度に該当する。
3) 本田ほか（2011）の原文では「被援助に対する肯定的態度」,「被援助に対する懸念や抵抗感の低さ」であるが，本書では類似した概念を整理するため，前者を「期待感」，後者を「抵抗感」という用語に統一した。
4) 永井・新井（2007）の原文では「相談行動」であるが，実際には行動ではなく，援助要請意図・意志を測定している。また，期待感については永井・新井（2007）の原文では「ポジティブな結果」と命名し援助要請の利益の概念から検討されているが，内容から広義の援助要請態度（期待感）に含まれると考えられる。
5) 水野（2007）の原文では「被援助志向性」であるが，援助要請の 3 つの分類の中では援助要請態度に該当する。

すことへの恐れ（あまりよく知らない人に自分の問題を相談できない，など），遠慮（忙しそうで相談できない，など），その他の懸念・抵抗感（相談したことが教師に伝わりそうだ，など））です[6]。そして，スクールカウンセラーを知っている生徒ほど期待感[7]が高く，会話経験（相談した経験ではなく）がある生徒ほど抵抗感[8]が低いことが明らかになりました（水野，2007）。水野・山口・石隈（2009）の研究では，中学校のスクールカウンセラーを知っている生徒，会話経験がある生徒，スクールカウンセラー便り（通信）をよく読む生徒はスクールカウンセラーへの期待感[9]が高いことなどが分かりました。このような関連は接触仮説[10]（Fischer & Farina, 1995）を支持します。いくら相談の専門家とはいえ，よく知らない人に相談できないというのが中学生の本音でしょう。まずは，日常的な会話を増やしてスクールカウンセラーを知ってもらうことが援助要請の促進に役立つようです。

　水野（2007）の研究からは「遠慮」という抵抗感が得られました。自分が悩んでいて相談したいと思っても，相手のことに配慮して迷惑をかけないために相談しないでいる生徒がいる可能性があります。親や教師といった日頃からよく接する相手ではないスクールカウンセラーであるからこそ，遠慮する心理が働きやすいとも考えられます。また，「人に迷惑をかけてはいけない」，「相手のことも考えて接しなさい」という言葉は日常的な子育てや教育の中で繰り返し子どもに伝えられることであると思います。これらの教えは集団生活，社会生活を送る上では学ぶべき大切な内容ですが，「助けて」と言わない（言えない）生徒はこれらの言葉を強く意識しすぎている可能性もあります。親や教師も1人で悩み苦しんでいるときには人への迷惑など考えずに相談してほしいと思うでしょう。日常生活の何気ない子どもとの関わりを少し見直すことも大人には必要なのかもしれません。

　小学生（7～12歳）と中学生・高校生（13～18歳）の子どもの間の援助

---

[6] 水野（2007）の原文ではそれぞれ「相談スキル」，「自己開示の恐れの無さ」，「遠慮の少なさ」，「相談に対する懸念・抵抗感の低さ」として逆転項目にして分析している。
[7] 水野（2007）の原文では「援助の肯定的態度」である。
[8] 水野（2007）の原文では「相談に対する懸念・抵抗感の低さ」であり，逆転項目として分析している。
[9] 水野ほか（2009）の原文では「援助の肯定的態度」である。
[10] 実践家やメンタルヘルス機関との接触は心理的援助に対する援助要請態度を肯定化するという仮説（Fischer & Farina, 1995）である。

要請に関する態度や意図の発達的変化を検討した研究からは（Del Mauro & Williams, 2013），中学生・高校生は問題状況が深刻な場合には援助要請意志が高まること，専門的援助を受けることのスティグマと自律性への欲求[11]は小学生には見られないが中学生・高校生には見られること，中学生・高校生の女子は専門的援助を受けた際に否定的に判断されたり批判されたりすることを恐れていることなどが明らかになりました。反対に小学生と中学生・高校生に共通していた点は，友人や家族が専門的援助を受けることを否定的に思っていないことなどでした。これらの特徴から，専門的援助に対する明確な知識やイメージが発達に伴って学習された結果，援助要請の抵抗感につながると思われます。

(4) 児童期，思春期の心理的発達と援助要請

　援助要請の態度，意図，行動に影響を与える要因に関する研究は数多く行われています。それらの中で，本田（2015）は援助要請に影響を与える発達的要因として「自律性への欲求」を挙げています。援助要請の研究の中では「悩みごとや問題状況を自分で解決したい，自分で取り組みたい」という欲求の強さとして測定されることが多いようです。

　自律性への欲求（「もし私が問題を抱えたときには自分で解決したい」，「自分の問題は自分で取り組むべきだ」という思い）は治療や援助に対する不安よりも強く援助要請意図と関連しており，自律性への欲求が高いことで援助を求めなくなると考えられています（Wilson & Deane, 2012）。このような自律性への欲求は小学生よりも中学生・高校生の方が強く感じているようです（Del Mauro & Williams, 2013）。さらに，18〜25歳の青年を対象とした研究からは，自律性への欲求の高さは，よく見られる心の病（ストレス，不安，うつ）や自殺念慮（希死念慮）に関する専門家への援助要請意図の低さと関連するため（Wilson, Rickwood, Bushnell, Caputi, & Thomas, 2011），自律性への欲求が強すぎることで適切な専門的援助を受けることが難しくなるとも考えられま

---

11) 原文は「自立への志向性（preference for self-reliance）」であるが，その概念の内容が他の研究で用いられている「自律性への欲求（perceived need for autonomy）」の内容と類似しているため，本書では「自律性への欲求（perceived need for autonomy）」という用語に統一した。

す。また，永井・新井（2007）は中学生が自助努力を強く志向するほど心理・社会面の悩みの援助要請意図が減じられ，さらに男子に限っては学習・進路面の悩みの援助要請意図も低くなる可能性があることを示しています。このような結果も自律性への欲求と関連していると思います。

第2節　発達障害のある子どもの援助要請の心理

　本節では，発達障害[12]のある子どもの「助けて」と言えない心理に迫ってみたいと思います。

(1) 発達障害のある子どもの実態

　発達障害の診断ではなく，その可能性のある児童生徒（通常の学級に在籍して特別な教育的支援を必要とする児童生徒）に関して担任教師を対象に行った調査では（文部科学省，2012），小学校1年生〜中学校3年生の52,272名中の6.5％が発達障害の可能性のある児童生徒に該当しました。この結果は教師から見て学習面や行動面に困難さを抱える児童生徒数として理解できます。これらの発達障害があることによって生じるさまざまな不適応（二次障害）も重要な課題です（宮本，2005；齊藤，2009）。

　田中（2013a）は，医療現場において発達障害のある子どもの認識が発達に応じて異なってくる様子を取り上げています。それによれば，幼児期には子ども自ら「医療機関に相談したい」という認識はおそらく皆無であり，「なぜここに来たのか」という理由すらも正しく理解していないであろうと思います。小学校低学年（3年生くらいまで）には勉強か人間関係のどちらか，あるいは両方で子ども自身が困っている認識はあるものの，その生活上のうまくいかなさを自分か他者の責任と考える点が特徴です。

　思春期に差し掛かる小学校高学年（4年生以降）は自分が自分をどう理解し受け止めていくかを悩み始める時期であり，発達障害のある子どもは自分が周囲とうまくなじめないことに直面し，自己評価を下げやすいことを指摘してい

---

[12]「障害」は「障碍」「障がい」などさまざまな表記がされているが，本書では現在のところ医学的な診断名で用いられている「障害」という表記を用いる。なお，発達障害に関する解説は他の書籍を参照していただきたい。

ます。そして，概ね 10 歳前後までに医療機関が活用されやすいとしています。

　中学生になると，それまで継続して相談していた子どもよりも，この時期に初めて医療機関に来る子どもとの関わりの難しさを挙げています。なぜなら，この時期に初めて来る子どもは本人なりの自己解決の努力（家庭内暴力，深夜徘徊，性的行為や万引きなど）の多くが社会的に望ましくないとされるからこそ，来談に至るためです。田中（2013a）はその背後に子どもの生きにくさや挫折感，絶望などがあることを指摘しています。そして，高校生以降の子どもについては発達障害があることによる生活上の生きにくさについて自発的に相談することも少なくないとしています。

　内藤・山岡（2007）は 18 〜 22 歳の発達障害のある子どもの親 252 名に，子ども本人に相談できる人や相談機関があるかどうかを尋ねました。その結果，子どもに相談できる人や相談機関があると回答した親は 57.8% であり，約半数の子どもに相談相手がいない可能性が示されました。また，学校教育終了後に在宅していた 27 名の子どもの親によれば，ハローワークや医療機関などの相談機関を利用した人は 19 名（70.4%）であり，相談していない人は 22.2%，相談機関が分からなかった人は 7.4% と報告されています（内藤・山岡，2007）。

⑵　発達障害のある子どもの援助要請

　発達障害のある子どもの援助要請の心理を理解していく上では，発達障害の特徴によって生じる援助要請の困難さと，発達障害の二次障害としての人間関係のつまずきなどが援助要請に影響を与える側面の両方から理解していく必要があります。なお，発達障害の中にさまざまな障害が含まれており，さらに同じ診断名であっても個人によってその状態が異なりますが，ここでは発達障害を大きくとらえて解説していきます。

発達障害の特徴から生じる援助要請の困難さ：

　村上・伊藤・行廣・谷・平島・安永（2014）の指摘によれば，軽度の知的障害や発達障害などのある人たちは現時点ではっきりした原因を特定できないにもかかわらず，本人の自助努力だけでは現代社会で大きく困ることなく生きていくことが難しい人々であるということです。さらに，視覚障害や聴覚障害，肢体不自由などの他者から外見上の特徴として見えやすい障害の状態や明

確な原因が分かっている遺伝的障害などに比べて，発達障害などは状況や課題によってはむしろ高い能力を発揮する場合もあります。そのため，地域社会の中で援助が必要であるという合意が得られにくく，さらに本人や家族も障害に気づかなかったり障害とは認めない場合もあったりします。このような村上ほか（2014）の指摘から，発達障害の特徴自体が本人や家族，さらには地域社会の中で援助の必要性の判断を難しくしていると考えられます。

　発達障害のある子どもの援助要請に関する研究自体は少ないのですが，援助を求める能力を伸ばす必要性は指摘されており，そのための具体的な関わり方や実践も報告されています（Bergstrom, Najdowski, & Tarbox, 2012；井澤・霜田・小島・細川・橋本，2008；小貫・東京YMCA ASCAクラス，2009）。それらの実践方法，および第1章で紹介した援助要請経路（問題状況を認識し，自分なりの対処では不十分であると感じ，相談の必要性を判断し，身近な人や専門家に相談する，という流れ）から考えると，発達障害のある子どもが「助けて」と言うことの難しさとして少なくとも以下の3点が考えられます。

　まず，問題状況の認識の難しさが挙げられます。発達障害のある子どもの中にはそもそも自分がうまくいっていないことや本当は困っているということに気づきにくい子どもがいます（伊澤ほか，2008）。例えば，自閉症スペクトラム障害の特徴の1つに他者の感情や状況の読み取りの困難さがあり，この部分も影響していると考えられます。相手の感情を適切に読み取ることが困難であると「自分の一方的な関わりや言動が実は相手に不快な思いをさせてしまっているのではないか」などという想像をしにくくなります。そうすると，「本人は困っていないが，周りの人が困っている」という状況が生じることがあります。しかし，これは発達障害のある子ども本人の責任ではなく，本人と周りの子どもの両者の折り合いが悪いことによって生じていると理解されるものであり，現実的な援助としては周囲の子どもを含めた環境側への働きかけが重要になります。

　次に，相談をためらう心理の影響です。小貫・東京YMCA ASCAクラス（2009）は，発達障害のある人が周囲の人との「違い」に気づき，それを「できなさ」，「やれなさ」とみなす一方で，そうした「違い」を「障害」という言葉と結びつける人がいることを指摘し，障害という概念がもつ「自分自身だけではコントロールできない」という要素への反発として援助を受けることの拒

否感が生じる場合がある，という心理状態を述べています。また，援助を受けている状況自体が障害であると考えてしまうために，援助を受けないことで障害が軽くなったとみなしたくなる人がいることも取り上げています（小貫・東京YMCA ASCA クラス，2009）。

　最後に，具体的にどのように相談すればよいか（援助要請スキル）が分からないことも影響すると思います。障害のある子どもは，相談したいと思っても相談の仕方が分からない（誰に何と言えばよいのかわからない，最初の一言が出てこない）ために，相談できずに時間が過ぎていく，ということが考えられます。子どもだけでなく，発達障害がある人にはソーシャルスキルを特にていねいに，まずは失敗しない形で（スキルを使ってよかったと思える形で）教えていくことが非常に重要です。そのようなソーシャルスキルの1つに援助要請スキルを含めていくことが重要です。

　まとめると，発達障害のある子どもはその特徴から，問題状況の認識の仕方が周囲の人と共有しにくいこと（本人は困っていないが周りの人が困っている，反対に本人は困っているのに周りの人に気づいてもらえない，という状況になりやすいこと），発達障害に関連する援助要請に対する拒否感や抵抗感，適切な援助要請スキルを用いることができないこと，などの理由で上手に「助けて」と言えないことが考えられます。

発達障害の二次障害の影響を受けた援助要請の困難さ：
　二次障害として学校内での人間関係につまずきがある場合，そのこと自体が相談しようと思いにくくさせるでしょう。10〜18歳の発達障害のある子どもの援助要請に関する研究では（Lee, Friesen, Walker, Colman, & Donlan, 2014），ADHDとうつ病という症状の違いによって援助要請意志の高さが異なることが明らかになりました。その中でも，ADHDの症状に対しては親や医師に相談しやすいという結果でした。反対に言えば，ADHDの症状によってよい友人関係を作ることが難しくなっている子どももいるため，友人に相談しようと思いにくくなる可能性があります。

　発達障害のある子どもの人間関係作りでのつまずきやすさは，個人の責任というよりも，個人の特徴と環境の応答（親や教師，友人といった人間関係も含めて）の両者が影響し合った結果の二次障害として理解することもできるでしょう。この研究結果では，二次障害の影響から友人への援助要請意志がうつ

病の場合よりも低くなっていた可能性があります。

　さらにこの研究からは，ADHD やうつ病の診断のない子どもの場合は，「心理士に定期的に会えばよくなるだろう」，「薬を飲めばよくなるだろう」という援助要請の結果に対する期待感の高さと援助要請意志の高さが関連するのに対し，診断のある子どもにはそのような関連は認められませんでした。一方，心の病に対するスティグマは，診断のある子どもの場合には援助要請意志を低める可能性があるのに対し，診断のない子どもの場合には関連しませんでした (Lee et al., 2014)。

　後藤・平石 (2013) では援助要請態度（期待感）が高いほど援助要請意図[13]が高いことを明らかにしていますが，一般の中学生を対象としているため，Lee et al. (2014) の研究における診断のない子どもと同様の対象者であると考えられます。これらの結果を総合すると，今現在深刻な問題状況にない子どもの場合には援助要請の期待感は援助要請意図（「相談したい」という思い）を高めますが，ADHD やうつ病といった診断のある子どもの場合にはたとえ相談の期待感が高くても相談につながらない可能性があります。さらに，スティグマは自分が発達障害や心の病の当事者であると想定した場合に強く意識され，援助要請意図を減じる可能性があります。援助要請態度と援助要請意図・意志の関連を明らかにする上では，このように個人の精神的健康状態などの影響を考慮する必要があるでしょう。

　なお，うつ病の診断がある子どもでは，スティグマの高さが援助要請意志の高さと関連するという結果も得られています。この関連は予想される関連の仕方とは反対のようですが，この研究では，心の病全般に対するスティグマと，ADHD とうつ病の症状に対する援助要請意志の関連を検討しているため，今後の研究では心の病ごとに分けてスティグマと援助要請意志の関連を検討するなど研究方法にも工夫が必要であると考えます (Lee et al., 2014)。とはいえ，発達障害のある子どもの援助要請に関する研究として，非常に示唆に富む研究です。

---

13) 後藤・平石 (2013) の原文では「被援助志向性」であるが，援助要請の3つの分類の中では援助要請意図・意志に該当する。

第3節　心理的危機状態にある子どもの援助要請の心理

　成長過程にある子どもは困ったことをすべて人に相談して助けてもらうよりも，自分で解決できそうなことには自分で取り組み，相談せずに解決できる幅を広げることも重要な成長の1つです。では，親や教師はどのようなときに子どもに相談してほしいと思うでしょうか。子どもが「学校に行きたくない」，「いじめられている」などで悩んでいれば，すぐに相談してほしいと思うでしょう。ここでは，深刻な心理的危機状況と援助要請について取り上げます。

(1)　不登校

　不登校と援助要請に関する研究は登校している子どもを対象になされることが多いため，登校意欲や不登校傾向との関連として検討されています。藤本・水野（2014）は，中学生の教師に対する援助要請の期待感[14]や教師からの情緒的サポートが教師への安心感につながり，登校意欲を支えることを示しています。

　また，不登校と発達障害の関連を整理した宮本（2010）によって，不登校を主訴として医療機関に来談した子どものうち，20〜30％ほどに発達障害があること，20％前後に知的障害があること，これらの子どもの多くが発達障害や知的障害と診断されていない状態であったこと，などが明らかにされています。このように，本節で述べる心理的危機状況は発達障害のある子どもも遭遇する可能性があり，援助要請の心理を考える上でもさまざまな観点からの理解が求められることです。

(2)　いじめ

　さまざまな問題状況でいじめに関する援助要請の研究は比較的多く行われています。いじめ被害に遭ったときには教師などの大人に相談することが重要であると考えられていますが，いじめられたときに「誰にも相談しなかった」という子どももいます。文部科学省（2013）の調査から，いじめられた子どもの中で「誰にも相談していない」小学生は 9.6％，中学生は 10.1％，高校生は

14）藤本・水野（2014）の原文では「援助の肯定的側面」である。

19.7%と，学校が上がるにつれて高くなっています。すべてではないと思いますが，これらの子どもたちの中に相談したいけどできない子どもや相談をためらう子どもが含まれていると思います。

　援助要請経路に基づいて考えると，問題状況の認識がなされることが重要です。しかし，他児からの人気が低い小学生は，からかいを脅しや身体的攻撃と同じくらい深刻であると認識するものの，人気が高い小学生や中間くらいの人気の小学生，そして教師は小学生同士のからかいは脅しや身体的攻撃ほど深刻ではないと認識しているようです（Newman & Murray, 2005）。このようにいじめに関する問題状況の認識には個人差が大きい可能性があり，周囲の小学生や教師から見ていじめとは思えない状況でも小学生本人は苦しんでおり，相談したいものの周囲の人と認識が異なるために「相談しても無駄だ」などと思いやすくなる恐れもあります。したがって，具体的な場面に即していじめと判断するかどうかを小学生集団全体で話しあう機会が重要であると思われます。

　小学3，4年生に同学年の小学生から教室以外の場所で攻撃・いじめ被害を受けている場面を使った援助要請研究から（Newman, Murray, & Lussier, 2001），相談しない理由（援助要請の抵抗感）として自力で解決したいという理由のほか，相談後の悪い結果を予想したり（教師とのトラブルを避けたいから，仕返しされるから，など），相談後の良い結果がないと予想したり（教師に言えないから，教師に言っても効果的な援助をしてもらえないから，など），無関心であったり（大きな問題ではないから，など），という大きく4つの理由が得られました。そして，自力での解決を望むという理由が他の理由よりも多く得られ，男児は女児よりも悪い結果を予想していることが明らかになりました。自力解決を望むという理由で援助を求めないという姿勢は一見前向きな対処のようにも思えるし，実際に自力対処でいじめの問題状況から抜け出せることもあると思います。しかし，いじめられていることを「自分が弱いからだ」と思ったり情けなくみじめだと感じたりして相談することに抵抗が強い心理の裏返しとして「自分で解決したい」と思っている可能性もあるため，安易に自力対処のみを推奨することもできないと思います。

(3)　非行

　児童生徒の暴力行為などはかなりの件数に上っています（文部科学省，

2013)。非行関連の問題状況（暴力，万引き等の犯罪行為，など）のある子どもは自分から相談に来ることは極めて少なく，大抵の場合は周囲の大人の力によって相談の場に連れて来られます。非行という行動は，問題状況に対する自己解決の対処として行われる行動の1つととらえることができます。生島（2009）は，いきなり行動化するのではなく，子ども本人が葛藤を抱える力を高める方法を「悩みを抱えさせるアプローチ」として紹介しています。したがって，非行に走る子どもの抱える援助の求めづらさは，本人なりの問題状況を認識しつつも葛藤を抱えることができず，いきなり極端で不適切な行動をしてしまうことにあると考えられます。援助要請経路の考え方に基づけば，子ども本人なりの問題状況の認識はあり（不快感情など），自己解決のための対処を行い短期的には解決できるものの（一時的な不快感情の解消など），その対処方法が周囲の人から見ると不適切である（非行，暴力，など）ということです。

(4) 子ども虐待

子ども虐待の件数は近年ますます増加しており，小学生が最も多く，次いで3歳〜就学前，0〜3歳未満となっています（総務省統計局，2013）。

虐待を受けている子どもは自分から「助けて」ということが難しい心理状態にあります。例えば南部（2011）は，子どもは理不尽な暴力を加える親にも「本当は愛してくれている」という幻想を手放すことができず，自分のせいで暴力を受け，親は自分のために暴力を振るうと思い込もうとする心理が働くこと，さらに，親自身も子どものせいにして暴力を正当化するため，子どもにとって親から暴力を受けていることを知られることは恥や恐怖の感情につながることを指摘しています。その他にも，「親からさえも愛されない自分」という否定的なイメージを認めたくないため，今以上にひどい暴力に遭わないため，または他の家も同じようにしていると信じ込んでいるために，自ら助けを求めないことが考えられます（南部，2011）。

援助要請経路に基づいて考えると，まずは問題状況を認識することが重要ですが，虐待という問題状況の認識は子どもにとって難しいようです。例えば伊藤・犬塚・野津・西澤（2003）は，児童養護施設に在所する児童のうち虐待を受けた子ども2,761名の中で，「親からひどいことをされた」と感じている

子どもは全体で41.8%であり，「自分は悪くないのにひどいことをされた」と自責感を伴わず認知できている子どもは20.8%と約半数しかなかったことを報告しています。子どもの年代が上がるにつれて虐待を認める割合は増えますが，自責感を伴わずに認知することは中学生であっても難しいようです。

これらの子どもの認識から「保護者の暴力は子ども虐待である」と認識できるようになり，また周りの大人がどのように助けてくれるか理解するための教育が重要であるとされます（岡本・薬師寺，2009）。このように，子ども虐待は特に周囲が早期に気づき援助することが不可欠です。

(5) 性暴力被害

警察庁や法務省の統計データに反映される性暴力被害の件数は警察に届け出られたものに限るため，潜在化しているケースがかなりあると考えられています（野坂，2013a）。言葉による性暴力，性的身体接触（痴漢被害），レイプ（性的行為の強要）などの性暴力被害体験を子どもに直接尋ねた実態調査を整理した野坂（2013a）は，男女ともに年齢が上がるにつれて被害率が上昇し，女子の場合は小学生までにおよそ3人に1人，中学生の時点では過半数が何らかの性暴力被害体験があることを明らかにしています。

しかし，野坂（2013a）は実態調査の結果にも限界があることを指摘しています。なぜなら，性暴力被害を受けたことに対して「たいしたことない」，「男である自分が性被害など受けるわけがない」などと思い込んだり，被害を受けた自分を恥じたり責めたりして，誰にも言えずにいることがあるためです。このような恥ずかしさや話題へのしづらさなどが「助けて」と言えない心理に関わっていると考えられます。

さらに，松浦（2013）は，性暴力の加害者は子どもへの口止めや脅し，共犯関係の教唆（相手をそそのかして犯罪を実行させる，あるいは実行を決意したと思わせること），マインド・コントロール（自分の意思で選択したかのように，ある結論へ思い込ませること）を巧妙に行うため，被害に遭った子どもは親密性，安全感，自己評価などに認知の歪みが生じ，判断力や被害を受けたという認識が著しく低下している場合が多いと述べています。このことは，援助要請経路に基づくと問題状況の認識を適切に行いにくくさせています。

(6) 親の離婚

　棚瀬（2010）によれば，親の離婚に対する子どもの認識の仕方には発達段階による特徴が見られます。例えば3～5歳頃は基本的に道徳的な判断をしないため，この時期に親の離婚を経験した子どもは，離婚の事実を知ってもどちらが悪いという判断はしないとされます（DVを目撃していた場合などは異なります）。一方，幼児期の発達に特徴的な自己中心性のために離婚の原因を「自分が悪い子だったから」などと思い，自責の念を高めたり極端に良い子に振る舞ったりする姿が見られます。

　小学校低学年（6～8歳）頃は離婚を自分のせいとは思わないものの，「もし自分がもっと良い子であったならば，あるいはもっと可愛い子であったならば，父（母）親は出て行かなかったのではないだろうか」という思いが非常に強くなり，見捨てられ感や悲しみを強く感じやすいとされます。

　小学校高学年（9～12歳）頃は道徳観，正義感が強くなり，たとえ離婚前にある程度良好な関係が両親ともてていたとしても，離婚の責任はどちらの親にあるのか，またより深く傷ついているのはどちらか，などを道徳的に判断し，「良い親」と同盟して「悪い親」へ復讐するという関係性が生じることが多いと考えられています。したがって，この時期に離婚をする親は子どもを味方につけようとするため，子どもが両親間の葛藤の間に立たされる可能性が高いと思われます。

　子どもが中学生・高校生の時期（13歳以上）に親が離婚する場合，ある程度安定した家庭環境で育っていれば比較的容易に克服するようです。しかし，この発達段階において親からの自立が重要な課題となる上，高校入試など受験のストレスも高くなることから，より一層安定した家庭を求める時期でもあり，離婚や別居によって家庭が不安定になることは子どもにとって大きなショック体験となります。以上の棚瀬（2010）が示す発達段階と離婚の認識の関係を踏まえると，親の離婚を経験した子どもの感情や家庭環境への心配をていねいに聴く関わりは多くの子どもにとって不可欠なものとなります。

　とはいえ，自分から親の離婚を話す子どもは少ないでしょう。小田切（2005）は親の離婚を経験した子ども11名（16～22歳）を対象に面接調査を行った結果，親が離婚したことを友人や教師に言わない方がよいと感じている子どもが多かったことが明らかになりました。その理由としては，離婚の事実を聞い

た周囲の他者が「引いてしまう」,「聞いて悪かったという態度をとる」,「親の離婚には触れないようにする」などの反応を示すためであるとされています。この結果から，家族の悩みを友人や教師に相談しにくいことがうかがわれます。

　また，親は時間の経過とともに離婚してよかったと認識している場合が多い一方で，子どもは父親の暴力があった家庭の子ども以外はそのようには受け止めておらず，自分自身を「離婚家庭の子ども」と定義し，親が離婚したことを引け目に感じて知られることを恐れていることが分かりました（小田切，2005）。このような子どもの語りから，離婚した親や自分に向けられるスティグマが意識されていると考えられ，そのために親の離婚に関連した相談をためらうことが考えられます。

(7)　リストカット

　日本におけるリストカットや自殺念慮と援助要請の研究（Watanabe, Nishida, Shimodera, Inoue, Oshima, Sasaki, Inoue, Akechi, Furukawa, & Okazaki, 2012）では，過去1年間にリストカットをした経験のある中学生は8,430名中276名（3.3%，男子46名，女子230名），高校生は9,241名中396名（4.2%，男子65名，女子331名）でした。リストカットした生徒の中で質問への回答が得られたデータを分析すると，リストカットした中学生271名のうち110名（40.6%），高校生383名のうち144名（37.6%）がストレスや心理的問題を抱えつつも現在誰にも相談していないと回答していました。リストカットを相談したいけどしない心理と特に関連していたのは，相談できる相手がいないこと，不安やうつなどの精神的健康状態，自殺念慮があることでした。リストカットという問題状況に関しても，本当に援助が必要な子どもこそ「助けて」と言えない状況に追い込まれていると考えられます。

(8)　自殺（自死）

　自殺対策支援センターライフリンク（2013）は，自殺で亡くなった人の約70%が亡くなる前に行政や医療などの専門機関に相談しており，亡くなる1ヶ月前に限っても47.5%の人が何らかの支援を求めて相談に行っていたことを報告しています。その中で10代の子ども30名においては，亡くなる1ヶ月以内

にどこかに相談した子どもは10名（男子2名，女子8名），どこにも相談しなかった子どもは19名（男子17名，女子2名），相談したかどうか不明であった子どもは1名（女子）でした。

　自殺に追い込まれる子どもの5つの心理状態（文部科学省，2009）を基に援助要請のしづらさを考えると，過度の孤立感（「誰も自分のことを助けてくれるはずがない」などとしか思えない心理状態）や苦しみが永遠に続くという思い込み（どんなに努力しても苦しみは続くという考えと絶望的な感情），心理的視野狭窄（自殺以外の方法が思いつかなくなる），などは否定的な援助要請態度や援助要請意図につながると考えられます。無価値観（「自分なんていない方が良い」という考え方）や強い怒り（自分の問題状況をうまく受け入れることができないというやり場のない怒り）は，これらが他者に表明されることによって「つながり」が生まれ，周囲からの援助が始まる可能性があります。しかし，これらの強い感情が表明できる相手はすでにある程度の信頼関係のある人であることが多いと思います。このように考えると，やはり日頃からあたたかく信頼のある人間関係を形成することが不可欠です。

　これらの深刻な問題状況における援助要請研究から，問題状況を適切に認識する力を高めることや，「助けて」と言える援助資源を紹介することなどの予防活動の重要性が指摘されています。さらに，周囲の大人や援助者が困っている子どもに早期に気づくことの重要さも強調されています。

　また，深刻な問題状況において自ら「助けて」と言えない子どもの実態を把握することは重要ですが，問題はその数の多さではなく，「助けて」と言えずに苦しみ続け命を落とす子どもさえいるという事実です。仮に割合は大きくないとしても，1人でもこのような子どもがいるという現実を見据えて研究と実践を重ねていくことが必要です。

　なお，事件・事故・災害時などの心理支援で，これらの危機状況にあった直後の子どもに対して相談できる環境を整えて相談を促すことはしても，無理やり話を聞き出そうとしたり相談させたりすることはかえって望ましくない場合があります。相談しないことで何とか自分を保っている子どももいることを念頭に置きつつ，中・長期的な支援を継続していくことが求められます。

第 4 節　本章のまとめ

　本章では子どもの「助けて」と言えない心理（態度や考え方，意図や意志，行動）について，乳幼児期から思春期の子ども，発達障害のある子ども，心理的危機状況にある子どもの援助要請の心理を解説してきました。乳幼児と発達障害のある子どもの援助要請研究は特に少ないため，研究成果から十分な裏づけのあることは言えませんが，それでも「助けて」と言えない子どもの心理の一端が明らかにされています。

(1)　援助要請態度の発達的変化とスティグマ

　第2節，第3節で見てきたように，小学生のうちは援助要請について「よいか，よくないか」というとらえ方をしているのに対し，中学生になると期待感と抵抗感という2つの側面を別々にとらえるようになると考えられます（本田ほか，2011；西谷・桜井，2006）。これは，中学生になると特に専門的援助を受けることへのスティグマが明確に意識されるため（Del Mauro & Williams, 2013），その影響を受けて援助要請態度の抵抗感の側面が別のものとして認識されるようになるからと考えられます。

　子どもの援助要請態度の期待感と抵抗感では，一般には期待感の方が援助要請意図・意志に与える影響が強いようです（後藤・平石，2013；永井・新井，2007）。期待感の影響が強いことは学業的援助要請においても同様であり，小学4年生から中学1年生の援助要請行動（「やりかたがわからないとき」，「すでに教えてもらったことでわからないことがあるとき」など）には援助要請の期待感（「勉強をしているとき，わからないことを誰かにきくことはうまい方法だと思う」など）が影響し，抵抗感（「わからないことを人にきくのは，はずかしい気がする」など）は関連しないことが明らかにされています（上淵・沓澤・無藤，2004）[15]。悩みの相談であっても学業上の援助要請であっても，思春期の子どもたちにとっては期待感の高さが援助要請の意図・意志，行動を高めていると思います。

---

15) 上淵ほか（2004）の原文では「援助要請の利得感」，「援助要請の損失感」であり，援助要請の利益と損失（コスト）の点から検討されているが，それらの内容から広義の援助要請態度に含まれると判断し，前者を「期待感」，後者を「抵抗感」とした。

しかし，援助要請態度の期待感と抵抗感は子どもの発達障害や心の病の状態によって異なる影響を受けるようです。比較的健康な状態では援助要請への期待感が援助要請意図を高めますが（後藤・平石，2013），発達障害や心の病のある個人の場合には期待感の効果は減じられ，抵抗感の強さが援助要請意志を低める可能性があります（Lee et al., 2014）。つまり，何らかの深刻な問題状況にある当事者となるとスティグマがより活性化され，援助要請態度，援助要請意図・意志との関連が強まっていくと考えられます。このような援助要請態度の発達的変化とスティグマの影響を考えると，日常的な悩みの相談を勧める上では期待感を高めるように働きかけ，いざというときのために抵抗感を低めておく，という発想が良いように思います。

(2) **自律性への欲求**

援助要請態度の発達的変化と関連して，特に思春期への発達を迎える中で，親や教師などの大人に知られたくないという思いや自律性への欲求が高まってきます。加えて，子どもを取り巻く学校環境の変化として，中学校や高校では小学校よりも「自立」，「自主性」が強調され，筆者は子ども自身あるいは子ども同士で自ら考えて行動することを奨励する雰囲気が高まると感じています。

これらの子どもの心理（内面）と環境（外面）の両方から自立・自主が求められて相談することを「甘えている」ととらえやすくなり，相談しにくくなる可能性があります。しかし，思春期こそさまざまな悩みに直面していくため，友人だけでなく大人にも相談してほしいところです。このような思春期の心理を考えると，「自分で解決するか，他者に頼るか（相談するか）」という選択ではなく，「自分で解決するために他者に頼る（相談を活用する）」という価値観や考え方を広げていくことも有効かと思います。

第3章 「助けて」と言わない（言えない）親（保護者）の心理

第1節　親の援助要請の心理

　昨今では子育て上の問題状況への関心が高まり，さまざまな子育て支援が展開されていますが，「子育てで困っているのに相談しない，できない」という相談をためらう心理への関心も高まっています（例えば，本田・新井，2010）。

(1)　親の子育ての悩みの実態と援助要請行動

　多くの親たちは子育ての中で楽しく充実した時間を過ごしています。そして，子育ての中でイライラしたり不安を抱えたり悩んだりうまくいかなかったりすることは，とても自然なことです。そのような前提を踏まえた上で，近年の実態調査や研究の中から特に気になるデータをいくつか紹介します。

　乳幼児の親の子育ての意識の変化をとらえたものとして，原田（2003）は子育てに関する大規模調査の「大阪レポート」と「兵庫レポート」を比較しています（表3-1）。これらの実態調査は，少子化と言われる我が国において，子どもの数は減っているものの子育ての苦労は増えているという現状を明らかにしています。

表3-1　大阪レポートと兵庫レポートの比較（原田（2003）を基に作成）

身近に世間話や赤ちゃんの話をする相手がいない	
大阪レポート（1980年）	兵庫レポート（2003年）
4ヶ月児の親：15.5%	4ヶ月児の親：34.8%
子育てでイライラすることが多い	
大阪レポート（1980年）	兵庫レポート（2003年）
1歳6ヶ月児の親：10.8%	1歳6ヶ月児の親：32.6%
3歳6ヶ月児の親：16.5%	3歳児の親：46.3%
両方の調査で，地域や対象者は異なるものの，子育ての苦労が増えている傾向が読み取れる	

表 3-2　小学生・中学生の母親の子育てで気がかりなこと
(ベネッセ教育総合研究所 (2011) を基に作成)

要素	具体的な内容	小学生 4,191名	中学生 3,186名
学習面	整理整頓・片付け	56.1%	54.9%
	家庭学習の習慣	30.3%	37.2%
	学校の宿題や予習・復習	26.0%	34.4%
心理面	子どもの性格，現在の態度や様子	36.7%	30.9%
社会面	友だちとの関わり方	45.3%	35.9%
進路面	子どもの進路	20.3%	43.1%
健康面	犯罪や事故に巻き込まれること	60.2%	49.4%
	放射性物質による健康への影響	43.0%	32.0%
親の関わり方	ほめ方・叱り方	43.7%	25.6%
	食事のしつけ	37.0%	22.7%

　児童期，思春期の親の子育ての悩みや問題状況の実態について，ベネッセ教育総合研究所 (2011) は小学生と中学生の母親が子育てで気がかりなこととして調査しています。表3-2では，この調査で用いられた38項目のうち上位10項目に関する結果を，子どもの学習面，心理・社会面，進路面，健康面，そして親の関わり方に着目して筆者が分類しました。小学生の母親の気がかりなこととして回答が多かったのは，犯罪や事故の被害，整理整頓や片付け，友人関係でした。より詳細にみると，食事のしつけは学年が上がるにつれて割合が低下するものの，小学5年生までは30%以上の母親が気がかりなこととして回答しています。中学年以降では，特に男子の母親が「子どもの性格，現在の態度や様子」に関心を寄せていました。一方，女子の母親は犯罪被害に関する心配が高いものでした (ベネッセ教育総合研究所, 2011)。

　中学生の母親では，整理整頓・片付けが3学年ともに最も多く回答されており，学年が上がるにつれて子どもの進路が気がかりになる割合が増えてきました。また，この調査の上位10項目には上がらなかったので表3-7には含まれていませんが，中学生の母親は「携帯電話やパソコンの使い方」が気がかりであると回答する割合が34.8～37.8%という値になっています (ベネッセ教育総合研究所, 2011)。

　実際の子育て支援サービスへの援助要請行動について，子ども・子育てビジョンの中間評価として行われた子育て支援サービスの利用に関するインター

ネット調査では（内閣府政策統括官（共生社会政策担当），2012），「地域子育て支援拠点（地域子育て支援センター，つどいの広場，など）」，「ファミリー・サポート・センター」，「こんにちは赤ちゃん事業（生後4ヶ月までの全戸訪問事業，育児支援家庭訪問事業）」，「子育て相談事業，子育ての情報提供，一時預かり事業」，などの地域子育て支援サービスの利用者は7,520名中の11.8%にとどまっていました。利用しない理由を複数回答で尋ねたところ，6,633名の回答からは「利用したいサービスが地域にない（21.8%）」，「自分がサービスの対象者になるのかどうかわからない（17.1%）」，「サービスの利用方法（手続き等）がわからない（14.9%）」，などが多く，「特に理由はない（38.4%）」が最も多いという結果でした。これらの数字を多いと読むか少ないと読むかは判断が分かれるところかもしれませんが，少なくとも利用しない理由の中で「特に理由はない」と回答した親の中に，相談をためらう心理が働いたために利用しなかったという人が含まれている可能性があります。

(2) 親の援助要請意図

小学3～5年生の母親と父親（Raviv, Raviv, Edelstein-Dolev, & Silberstein, 2003；Raviv, Raviv, Propper, & Fink, 2003），小学4～6年生の母親と父親（Raviv, Sharvit, Raviv, & Rosenblat-Stein, 2009）を対象とした研究から，「パーソナルサービスギャップ」という現象が発見されました。パーソナルサービスギャップとは，同じ問題状況に対して，他者の子どもであれば心理学的援助を勧めるものの，自分の子どもの場合は援助要請意図が低いという現象です（Raviv et al., 2009）。簡単に言えば，「友人の子どものことなら専門家への相談を勧めるけど，自分の子どもだったら相談しない」という姿勢であり，他者と自分の間にある専門家利用のギャップのことです。このギャップが生じる理由はいくつか考えられますが，その1つとして，専門家への期待感が高ければ他者の子どもには相談を勧めるものの，自分の子どもの場合となると期待感が高くても抵抗感も強くなるために相談したいと思えなくなり，ギャップが生じるということがあります（Raviv et al., 2009）。子どものことで悩んでいる母親が友人に相談して，「カウンセラーに相談してみたらいいじゃない」と勧められ，「そんなことできないわよ，あなたならカウンセラーに相談する？」，「うーん，しないわね」，「ねえ，そうでしょう」というやり取りが行

第 1 節　親の援助要請の心理

われるとき，相談を勧めた方の母親にはパーソナルサービスギャップの心理が働いているということになります。

(3) 親の援助要請態度
幼児期の親の援助要請態度：

　子育ての悩みに関する親の援助要請態度も，大きくは期待感と抵抗感に分類できます。3〜6歳の幼児の母親を対象に，身近な他者（夫，実母，友人など）に相談しづらい理由を尋ねた研究（本田・三鈷・八越・西澤・新井・濱口，2009）[1]からは，「母子への悪影響の恐れ（良くない噂が立つ，子育てを非難される，など）」と「関係性に対する懸念（遠慮，相談しても理解されない，など）」の 2 つに大別されました。

　相談することへの悪影響を心配して相談することをためらう心理の側面は，保健師への援助要請をためらう心理（湯浅・櫻田・小林，2006）[2]や，第 3 節で取り上げる中学生の父親と母親が子どものことで専門家に相談する際に抱く相談しづらさ（飯田・金沢・井上，2006）にも共通して示されています。つまり，相談した結果子どもと親に悪影響があると心配する心理は，子どもの年齢や相談相手（身近な他者，専門家）によらず，子育ての悩みを相談する際に多くの養育者が共通して心配する点であると考えられます。

　もう 1 つの側面である「関係性に関する懸念」については，日常的な人間関係のある相手に相談する際に特徴的なものです。例えば母親が同じ幼稚園に子どもを通わせる母親（母親の友人）に相談することを想像すると，相談内容によっては相談したい相手の子どもが我が子の困りごとに関与している場合や，直接の当事者でなくても中立的な立場で相談を聞いてもらえるか不安になったりする場合があると思います。このようなときには，相談したい母親の中で，今現在の子育ての悩みや困りごとを聞いてほしい気持ちよりも，これからもしばらく継続する親同士，子ども同士の人間関係に波風を立てたくない気持ちの方が強くなっても不思議ではないでしょう。

---

1) 本田ほか（2009）の原文では「被援助志向性」であるが，援助要請の 3 つの分類の中では援助要請態度に該当する。
2) 湯浅ほか（2006）の原文では「被援助バリア」の概念から検討しているが，本書では援助要請態度（抵抗感）の下位概念として解説した。

43

本田ほか（2009）の研究では，専門機関（保健所・保健センター，医療機関，児童相談所，大学・個人の運営する相談室など）に相談しづらい理由も検討しています。幼児を育てる母親の専門機関への相談しづらさは「未知による漠然とした抵抗感（敷居が高い，どうせ役に立たない，など）」と「具体的な心配ごと（物理的に利用しづらい，うまく伝える自信がない，など）」という側面に分かれ，「よく分からないから相談しづらい」という思いと，「いざ相談しようとすれば，この点が心配だ」という具体性の違いによって分類されました。いずれにしても，まずは相手のことをよく知る機会が必要なようです。例えば，専門家に対する「どうせ役に立たない」という思いの背景には，母親が過去に出会った専門機関で良くない印象をもった可能性があります。たとえ専門家が敬意をもって母親に労いの言葉をかけたとしても，出産前後で心身ともにひどく疲弊し，また大きな環境の変化の中にいる状況では，母親がその言葉を否定的に受け取ってしまうこともあり得ます。専門家の言葉に救われる思いを抱いた母親たちは何かあれば専門機関を利用しようと思うでしょうが，少数かもしれませんが専門機関に良くない印象を抱いた母親たちは，その先困ったときには専門機関に助けてほしいとは思わなくなる恐れがあります。援助評価（本田・石隈，2008）の4つの側面を参考に，専門機関からの言葉かけに対して母親がどのように感じ，考えているかを推測しながら共感していくことが大切です。

　さらに，この時期の家族と接する専門家たちはそもそも乳幼児期の健診などに来ない（行かない）母親にどのように接触するか，健診の結果要経過観察となった家族に保健師が家庭訪問しても思うように援助につながらない，などという難しさも感じていることと思います。乳児期の子どもを育てる母親の援助要請研究は他の発達段階と比べれば多いとは言え十分ではなく，今後さらに研究していくことが必要です。

児童期の親の援助要請態度：

　小学生の親の援助要請態度に関連して，スクールカウンセラーなどに相談する際の心配に関する研究がなされています（Raviv, et al., 2003）。小学生の親の援助要請の心配には，「子どもに起こり得る危害への心配」と「親への脅威や損失（コスト）への心配」という2つの内容が得られました（Raviv, et al., 2003）。「子どもに起こり得る危害への心配」にはスティグマ（「友人や近所の

人に『困った子だ』『問題のある家族だ』と思われる」）や問題が固定化したり増悪したりすることへの心配などが含まれています。「親への脅威や損失（コスト）への心配」には，専門家に相談すると問題の存在を認めることになるという心配や家族の秘密を暴露することへの心配が含まれています。

さらに，過去にスクールカウンセラーに相談した際の満足度が高いと援助要請の心配が低く，接触仮説（Fischer & Farina, 1995）のように専門家と接触するのみでなく，過去の相談経験の満足度が重要であることが明らかになりました。つまり，スクールカウンセラーに「相談して良かった」という経験，すなわち肯定的な援助評価（本田・石隈，2008）が行われることで，将来の援助要請への心配が低くなることが期待されます。なお，「子どもに起こり得る危害への心配」が高いと援助要請意図が低くなると考えられますが，「親への脅威や損害（コスト）への心配」が高いほど援助要請意図が高いという関連が見られます。親自身に対する援助要請への心配が高いとかえって援助要請意図が高まるという理論上の予測と反対の関連が見られており，今後さらに研究を重ねていくことが必要です。

思春期の親の援助要請態度：

中学生・高校生の親を対象とした援助要請研究は小学生の親の研究よりもさらに少ないのです。太田・高木（2011）は，中学生と高校生の母親，父親を対象に，教師に相談する際の援助要請態度を研究しました。その結果，期待感[3]として「効果予期・信頼」（納得のいく答えを返してくれる，など），「共感性」（説教される心配がない，など），「親役割」（教師と親の連携が必要だ，など），「他者配慮」（他の家族に勧められたから，など），という4つの側面が得られました。子どもを対象とした研究では肯定感が1つにまとまって認識されていたのに対し，太田・高木（2011）の研究では，肯定的態度の内容が細かく分かれている点に特徴があります。

また，抵抗感[4]には「共感懸念」（親のつらさを理解してくれない，他の子どもと比較される，など），「防衛」（異性の教師に分かってもらえるとは思えない，など），「スティグマ懸念」（成績や進路に影響して子どもに不利益になるのが心配だ，など），「要請回避」（時間が解決してくれる，など），という4

---

3) 太田・高木（2011）の原文では「肯定的援助要請態度」である。
4) 太田・高木（2011）の原文では「否定的援助要請態度」である。

つの側面がありました。これらの内容から考えると，教師という子どもの成績を評価する立場の援助者に対して，子どもや親自身が「教師に何らかの評価をされるのではないか」と心配しているようです。

飯田ほか（2006）は，学校内（学級担任，スクールカウンセラーなど），学校外（精神保健福祉センターなど）の相手や専門機関の中から最も相談しやすいもの1つを選んでもらい，その相手に対する援助要請態度を調べました。その結果，中学生の親の援助要請態度には「相談機関に対する不信感」（相談することは問題を解決することにつながらない，など），「親としての脅威」（相談したら親として失格と言われそうだ，家族の恥になるのではないか，など），「子どもへの影響」（相談することで子どもが嫌な思いをしそうだ，など）という3つの側面が得られました。先の太田・高木（2011）と比較すると，相手の援助能力を信頼できるかどうかという側面と，子どもと親に不利益がもたらされるのではないかと心配する側面の点で共通しています。飯田ほか（2006）の結果から，中学生が学校生活で困っていることを親は知っているはずなのに学校に相談してこない場合など，「助けて」と言わない親と関わる際には，教師は親がこれら3つの側面のどの部分を強く感じているのかをよく見て，それらの期待感と抵抗感に配慮した関わり方をすることが有効であると思います。

第2節　発達障害のある子どもの親の援助要請の心理

田中（2013b）は，発達障害はその子どもにとって消えるものではなく，成長とともに変化しながら終生持ち続ける特性の一部であることから，親が我が子に発達障害が「ある」ことを診断されて，それに向き合いながら，実は我が子が発達障害に「なっていく」という過程を一緒に歩んでいること，そのため親自身も発達障害のある子どもの親に「なっていく」過程が含まれていることを述べています。これは，ただ「この子の親になっていく」という当たり前のこととはいえ（田中，2013b），発達障害のある子どもの親の援助要請を考える上で，このような親の心理的変化を理解し続けることは重要です。

(1) 発達障害のある子どもの親の援助要請行動

乳幼児の精神的問題に関連した親の専門機関の利用は十分ではありません。

奥山（2010）は，16の医療機関を受診した初診・再診の患者および家族4,323名の中で，子どもが5歳の頃に「他人との関わり」，「問題行動」，「発達の遅れ」などの心の問題に気づくものの，約68％が「症状に気づいたときにどこに相談してよいか迷った」と回答したことを報告しています。さらに，専門病院の受診までには平均2.4年かかることが明らかになっています。つまり，親（保護者）が子どもの精神的問題に気づくのは5歳頃であるものの，病院の専門家を訪れるのは7～8歳頃であると考えられます。このような受診までの時間の開きにはさまざまな理由があると思いますが，その1つには親が困っていたり子どもの困難さや障害の可能性に気づいていたりしていても，相談できない心理が働くことも挙げられるでしょう。

また，発達障害のある子どもの就業に向けた支援も重要な課題です。発達障害のある18歳以上の子どもと保護者を対象とした調査から，保護者は子どもの社会性に関する心配を多く感じているようです（表3-3）。

表3-3 発達障害のある子ども（18～22歳）の親の心配
（内藤・山岡（2007）を基に作成）

	項目	割合
1	状況判断が悪い	58.3%
2	自分の気持ちの表現が下手	53.1%
3	自分に自信がもてない	43.3%
4	暗黙のルールが分からない	38.5%
5	他人との付き合い方が分からない	35.1%
6	金銭管理ができない	31.3%
7	家事ができない	30.0%
8	興味が偏っている	30.0%

(2) 発達障害のある子どもの親の援助要請態度

発達障害のある子どもの親の援助要請態度に関する研究は，山地・大東・久保・福本・宮原・中村（2010）が行っています。この研究から明らかになったことは，発達障害のある子どもの親の援助要請態度[5]は，その他の対象者の研究で明らかになった側面（期待感と抵抗感）とかなり共通していたことでし

---

5) 山地ほか（2010）の原文では「援助に対する意識」である。

た。発達障害のある子どもの親に特徴的な援助要請態度として6つが挙げられており（表3-4），この研究ではこれらの内容を母親自身の気持ちよりも子どものためになる援助を優先する姿勢，子どもの成長に沿ってその都度必要な援助を求め続けることへの疲労感，発達障害のことで援助を求めた際の肯定的－否定的な結果の予測，などの点から考察しています。

表3-4 発達障害のある子どもの親に特徴的な援助要請の意識
（山地ほか（2010）を基に作成）

期待感
専門家・機関の利用が子どものためになるなら，とにかく行ってみよう
専門家・機関はいろいろな情報を提供してくれるだろう
抵抗感
専門家・機関からきついことを言われるのではないか
専門家・機関を探すのが面倒だ
専門家・機関に断られるのではないか
母親自身に専門家・機関に相談するエネルギーがない

(3) 発達障害のある子どもの親の援助要請意図・意志

知的障害のある5〜12歳の子どもの母親と父親各25名に面接調査を行った研究では（Nadler, Lewinstein, & Rahav, 1991），父親は子どもの障害受容の程度が高いほど自助努力や知的障害の子どもを育てる他の親への援助要請意志が高いことが分かりました。一方，母親の場合は障害受容と援助要請の間に関連は見られず，父親とは反対に，自助努力するほど知的障害の子どもを育てる他の親への援助要請意志が低いという結果が得られました。

これらの結果には父母間で2つの違いが見られました。1つは自助努力と援助要請の関連です。父親は問題解決するための対処として自助努力も援助要請も行うという援助要請に道具的な志向性を有しているために，両方の高さが関係していたと考えられます。母親は現実的に子育ての中心を担い，子どもの問題状況にうまく対処できないことは父親よりも母親にとって脅威となるため，母親は援助を求めることに父親よりも抵抗があり，援助要請しないで自助努力を行うという関連が見られた可能性があります（Nadler et al., 1991）。

もう1つの父母間の違いは障害受容と援助要請の関連です。父親の場合は，子どもの障害を受容することで道具的な志向性が働き，知的障害に関連する問

題状況の解決のために積極的に自助努力や援助要請を多く行うようになると思われます。母親は子どもの問題状況を父親よりも脅威的に受け止めるため，この研究では十分な関連が見られなかったと考察されています（Nadler et al., 1991）。

(4) 発達障害の診断とスティグマが援助要請に与える影響
診断に対する意思決定と治療に対する意思決定：
　ADHDの診断のある子どもおよびその可能性が高い子ども（5～11歳）の親の援助要請研究から（Bussing, Zima, Gary, & Garvan, 2003），ここでは，ADHDの診断を受けたものの，12ヶ月間治療を受けなかった子どもの親（診断などの専門的評価のための援助要請行動は行い，子どもがADHDと診断された上で専門的な治療を受けていないという状態の親）に，援助を求めなかった理由を尋ねた結果を紹介します。
　結果として，「どこに援助を求めればよいのか分からなかった」，「問題状況が自然と良くなった」，「子どもが良くなってきて，もうすでに治療が必要ではなかった」，という回答が比較的多かったと報告されています。そして，さまざまな理由（治療を受けることの抵抗感）を5つの点から検討した結果，必要性の認識のなさ（問題状況が自然と良くなった），使用しづらさ（予約が取れない，等），否定的な結果の予測（治療は役に立たない，等），スティグマ関連の理由（他の人にどう思われるか気になる，等），経済的な抵抗（料金が高すぎる，等），などが得られました。
　この研究から，発達障害などの医療機関への援助要請が必要と思われる状況に関しては，診断を受けるまでの援助要請の抵抗感と，診断後の治療やケアを受ける際の援助要請の抵抗感が異なると考えられます。診断はその後の治療やケアと一体となり，本人，ひいては家族がより生活しやすくなるための一助となるために行われるものです。しかし，診断後に治療につながらない家族も存在しています。もちろん，家族や教師などを含めた環境側の配慮や援助によってADHDの子どもに医学的援助や治療が必要ない程度に症状が軽減されることはあります。とはいえ，この研究は診断後の治療につながらない親に少なからず「助けて」と言わない（言えない）心理があることを示しています。

発達障害・知的障害の診断に伴って認識されるスティグマ：

　障害の診断と関連するものとして，スティグマの研究が行われています。知的障害のある子どもの親のスティグマについて，藤井（2000）は家族が社会福祉機関や制度と関わる際に感じるためらいや，知的障害のある子どもの家族であることで経験する肩身の狭い思いとして研究しています。その結果，母親の方が父親よりも肩身の狭い思いを経験している割合が高いこと，障害受容に要した時間が短い人の方が相談機関の利用に対するスティグマを持つ割合が低いこと，障害が受容できていないと感じる人は相談機関を訪れる際にスティグマを意識する割合が高いこと，スティグマを高めないための専門家の関わり方の重要性，などが明らかになりました。このように，障害の診断に伴って認識されるスティグマは，援助要請のみでなく障害の受容にも影響すると考えられます。

　スティグマの低減は援助要請態度の肯定化につながり，援助要請意図を高めると考えられています（Vogel et al., 2007）。

第3節　心理的危機状態にある親の援助要請の心理

　子どもの危機は親にも大きな動揺をもたらします。また，本書では子育ての悩みを扱っていますが，親自身が自分の問題状況に悩むこともあり，そのような親自身の問題状況が子どもの養育に影響を与えます。ここでは，心理的危機状態にある子どもの親，ならびに親自身が心理的危機状態にある場合の援助要請に関する研究を紹介します。

(1)　子どもの心理的危機状態に対する親の援助要請

子どものひきこもりに関する親の援助要請：

　ひきこもり状態にある本人と家族の援助要請に関する実態調査を整理した境（2007）によって，ひきこもり状態にある本人よりもその家族の相談の方が圧倒的に多いこと，家族のほとんどが本人に専門的支援が必要であると思っていること，とはいえ継続的に相談機関を利用している家族は半数に満たないこと，などが明らかになっています。さらに，ひきこもり状態にある本人と家族の援助要請を促進する上で最も重要と考えられるのは，支援の効果であると考

えられています。

　このような実態を踏まえて，境（2007）はひきこもり状態にある本人の専門機関の利用を促進するために周囲の人ができることとして，表3-5に示す5点を挙げています。本人の援助要請の意欲を感じ取りながら，本人が継続的に利用しようと思える相談機関が見つかるまで，これらの方法を根気強く繰り返していくことが重要であるとしています（境，2007）。

　　　表3-5　ひきこもり本人の援助要請を促進する周囲の関わり方
　　　　　　（境（2007）を基に作成）

1	本人が心身ともに安定した状態を保てるように接する
2	本人のニーズに合った相談機関の情報を提供する
3	変化がないときも援助要請への意欲が高まったときのための準備をしておく
4	相談機関に行き始めたときは継続的に援助要請できるように支援する
5	継続的な利用に至らなくても本人を責めない

子どもの性暴力被害に関する親の援助要請：

　野坂（2013b）によれば，子どもの性暴力被害を知った親の多くは，にわかに信じることができないものの何とか事態を受け止めようとしますが，何をすべきか分からず，また子どもを守れなかった自責の念を強く抱くことがあります。これらの心理的反応は大きな事件・事故・災害などに遭ったときに自然に生じる反応ですが，子どもはこのような親の反応を観察しながら自分の身に起こったできごとの意味を探ります。親が自身の動揺や不安を小さくするために子どもの話を聞かなかったりあいまいな態度をとったりすると，子どもは「この話を口にしてはいけないのだ」と思い話さなくなることで，子どもも親も援助要請がしづらくなると懸念されます。

　このような親子間の影響を考えて，野坂（2013b）は，心理教育[6]などの方

---
6) 心理的危機状況にある人に対する心理教育とは問題状況の適切な理解や対応を伝え学んでもらうことであり，早期の適切な心理教育は不安を軽減し回復促進に役立つとされる（野坂，2013b）。健康増進や問題発生の予防を目的として行われる心理教育は専門的な知識や情報の提供，ソーシャルスキルの学習，啓蒙や自己啓発（薬物撲滅のポスターや心の病に関するリーフレットなど）といった広範な形で展開されている（太田，2011）。
7) エンパワメント（エンパワーメントとも表記される）にはさまざまな定義があるが，「無力な状態にある人びとが，自らの中にある力に気づき，能動的にそれを使い，環境の変化を求めていく力を獲得すること」が中核であるとされる（藤川，2011）。

法で親の傷つきへのケアをしながらエンパワメント[7]することで，子どもの回復を支える親の力を発揮してもらうことの重要性を指摘しています。

さらに，性暴力被害に限らず，子どもの不登校やいじめ被害などの心理的危機状態も親に大きな動揺と不安を生じさせることと思います。したがって，子どもの心理的危機状況においては，周囲の援助者が子どもへの援助とあわせて親の傷つきへのケアとエンパワメントを行い，子どもが「助けて」と言いやすくなる，あるいは援助を受けること自体への抵抗感を小さくすることが重要になってきます。

(2) 親自身の心理的危機状況における援助要請
10代で出産と子育てを行う母親の援助要請：

昨今の子育てにおいて，10代で出産と子育てを行う親への支援は喫緊の課題です。森田（2012）は，10代の母親の人工妊娠中絶率と離婚率の高さ，および10代の親を支援する施設などの公的支援が少ない現状から，10代では身近に支えてくれる人がいないと親としての準備ができないまま親の役割を果たさなければならなくなることを指摘しています。森田（2008）は東京都社会福祉協議会保育部会調査研究委員会（2003）の調査結果を踏まえ，10代の出産と子育てが20代以降と大きく異なるのは母親が専門教育を受ける機会がないことであると指摘し，そこから派生する10代での出産・子育ての困難さを4つ挙げています（表3-6）。

東京都社会福祉協議会保育部会調査研究委員会（2003）が行った10代で出産・子育てをする母親を対象とした調査によれば，妊娠を知ったときには本人（母親）と実母・実父は歓迎するよりも戸惑う方が多く，父親は歓迎する人と戸惑う人がほぼ同数であり，拒否する気持ちを抱く実母・実父は2割弱いまし

表3-6 10代で出産・子育てする母親の困難さ （森田（2008）を基に作成）

1	専門的知識や技術を学ぶ機会が少ないために専門的職業に就くことができず，所得が少なく不安定就業にならざるを得ない
2	経済的，社会的に課題が多いため，実母や夫などを含めた支援体制が不可欠である
3	出産の段階までに多様な人間関係の形成・維持の方法を学ぶ機会が少なく，それらの体験が不足している
4	同年齢の友人と話が合わなくなり，家族・家庭の悩みごとの相談相手になりにくい

第3節　心理的危機状態にある親の援助要請の心理

たが，出産時には多くの人々が歓迎していることが分かりました。さらに，母親が子育てで困ったときの子どもの年齢は7割以上が2歳以下であったこと，子育て以外の悩みでは生活費や将来の生活などに関する悩みが多いこと，自分自身の相談は学生時代の友人を最も多く選ぶものの，子育ての相談や経済的援助の相談などは実母に最も多く相談していること，などが分かりました。しかし，この調査では第1子出産時に112名中89名の父親が同居していたものの，調査時点では63名に減っており，非同居の父親が23名から49名に増えていました。そのため，子育ての過程で多くの父親が不在となっているため，夫婦関係の維持の困難さへの支援，つまり父親への子育て支援も求められると指摘されています。

以上より，10代で出産と子育てをする母親の周囲にいる身近な他者から支えられる環境を作ること，そして支え合えるような人間関係を作ることの両方が求められるということです。出産と子育てという大変な時期を考慮すれば，母親と父親への支援を行う環境作りが優先されると考えています。

人工妊娠中絶を受ける母親の援助要請：

　援助要請態度の中でも援助要請に関する不安は治療不安（Kushner & Sher, 1989；阿部・水野・石隈，2006）として研究されています[8]。治療不安とは，「メンタルヘルスサービスの要請や消費に関する嫌悪的な予測から生じる懸念の主観的状態」を言います（Kushner & Sher, 1989）。

　人工妊娠中絶を受ける親の治療不安[9]について（國清・水野・渡辺・常盤，2006），主治医に対する「呼応性への心配」（「医師は私が相談した問題を解決できない」，など）が高いと，術後に人工妊娠中絶の身体への影響，自分の健康状態などに関する相談や援助が少ないこと示しています。さらに，看護師に対しては，「汚名への心配」（「看護師に相談したら，特別扱いを受ける」，など）が高いと，人工妊娠中絶に関する情報や助言が欲しいときに相談したり援助をもらったりすることは少なくなるようです。実際に，人工妊娠中絶に関わる看護師は個人の価値観と専門家としての看護観の葛藤を経験しながら当事者

---

8) 国内の研究では「援助不安」と呼ばれるが（例えば，阿部ほか，2006；後藤・平石，2013），治療不安とほぼ同義として扱われているため本書では「治療不安」の用語で統一し，さらに援助要請態度の下位概念（抵抗感の一部）として解説した。

9) 國清ほか（2006）の原文では「援助不安」である。

を受容し専門的援助を行っており（國清・大江田・中島・兼子・大和田・常盤，2003），当事者の女性が女性看護師から否定的に見られることを恐れて援助を求めづらく感じている可能性を國清ほか（2006）は指摘しています。

離婚したひとり親家庭の女性：

　2012年には日本で235,406件の離婚があり，日本人人口1,000人当たりの離婚率は1.87%となっています（厚生労働省，2013）。このような離婚数，離婚率の高さから，棚瀬（2010）は「子どもが大きくなるまで我慢して不幸な結婚生活に耐える」という意識に代わって「子どものためにも不幸な結婚生活には早く終止符を打ち，第二の人生を歩んだ方が良い」という意識が浸透しつつあることを指摘しています。

　佐々木（1991a，1991b）は離婚し母子生活支援施設で生活するひとり親家庭の母親97名のデータを分析し，仕事上の問題や子どもの教育・進路などに関する相談・アドバイス・指導を全く受けていない母親が60.8%もいたことを示しています。母子生活支援施設という比較的サポートを受けやすい環境にいながら援助を受けていない母親が多い背景には，母親が必要なときに援助要請をしなかったり，援助の申し出を拒否したりする可能性もあると思います。

　親が離婚すると，子どもを守り抱えるという家庭本来の役割を十分果たすことが難しくなるため，教師や養護教諭，スクールカウンセラーなどが学校でその役割を補うことが子どもにとって望ましい環境となります。しかし，離婚や別居の情報を親が学校に知らせないことで子どもへのケアが難しくなった事例も報告されています（棚瀬，2010）。離婚のすべてが否定的な影響をもたらすわけではなく，また通常は離婚後2～3年ほどで情緒的に安定した生活を迎えると考えられていますが（棚瀬，2010），親が離婚による問題状況を教師に相談できない心理も十分に考慮される必要があります。

犯罪被害に遭った女性の援助要請：

　犯罪被害に遭った人はメンタルヘルスの問題を抱えるリスクが高く，またPTSDなどの心理学的症状に対する効果的な治療法が開発されているにもかかわらず，約半数の人が公的な支援機関を利用していないことが，さまざまな研究から明らかになっています（McCart, Smith, & Sawyer, 2010；淺野，2011）。犯罪被害体験と援助要請の関連は被害の内容によって異なるものの，共通する要素として恥や当惑の感情，「精神疾患がある」と見られるというス

ティグマ，経済的資源の欠如，利用可能なサービスの認識の不足，などが援助要請と関連することが明らかになっており，犯罪被害に遭った人に対してただ援助要請をしやすくするのみでなく，支援サービスを届ける活動も重要です（McCart et al., 2010）。

親密なパートナーからの暴力被害（DV 被害）に遭った女性の援助要請：
　親密なパートナーからの暴力被害（DV 被害）も心身に広範な影響を及ぼしますが，多くの被害者が援助を求めないことが知られています。このような問題状況に関する援助要請を抑制する要因として，海外の研究からは，言語の壁，居住の状態と国外追放の恐れ，相談できる資源に対する知識不足，経済的な依存，過去の援助要請での否定的な経験，などが挙げられています（Rizo & Macy, 2011）。しかし，これらの要因には社会的，文化的な影響もあると考えられるので，日本での研究を実施することも求められると思います。

　また，援助要請経路との関連で見ると，被害を受けたという問題状況を被害者自身の失敗と考えたり些細なことであると考えたりして，問題状況が認識されにくくなることなどが指摘されています（Liang, Goodman, Tummala-Narra, & Weintraub, 2005）。

　これらの心理的危機状態においてこそ，援助要請が重要となります。しかし，そのような心理的危機状態であるからこそ相談をためらう心理も働きます。必要な人に援助が届くためには，個人の援助要請の心理を理解しながら援助が届く環境を作っていく努力が不可欠です。

(3) 援助を拒否する親の心理
　援助要請の心理を考えていると，実践の中で援助を求めないどころか拒否する親とも出会うこともあります。特に深刻な問題状況として子ども虐待が挙げられます。Reder & Duncan（1999, 小林・西澤監訳 2005）は虐待事例の分析を通して，虐待に関わる親の心理を「ケア葛藤」と「コントロール葛藤」という言葉で説明しています。ケア葛藤とは，親自身が子ども時代に自分の親から愛されていないという感情を源とし，他者への過剰な依存や他者に見捨てられる恐怖を強く抱き，その裏返しとして他者と距離をとる行動が生じることです。コントロール葛藤とは，親自身が子ども時代に虐待を受けるなどにより無

力感を感じた経験があると，大人になったときに暴力を振るったり他者を支配しようとしたりする傾向などが表れることと考えられています。これらの心理は，子ども虐待への援助者を拒否する親の心理を理解する上で重要な点です。

　高岡（2013）は虐待のある家庭の親が自ら援助を求めないことを取り上げ，相談を待つのではなく積極的にアウトリーチ[10]を行うことの重要性とその方法を解説しています。その研究成果からは，虐待のある家庭への支援においては保育士，保健師，市町村のワーカー，児童相談所の臨床家に共通したアウトリーチの要素は「一歩も引かない態度」という譲れない線を提示し，親や養育者の攻撃的・拒否的態度にも動じない姿勢を保った上で，「絶えざる養育者への関心」，「困った親という先入観を持たない」という支援的なまなざしであったことが明らかになっています。そして，前者は父性的な機能としてコントロール葛藤に作用し，後者は母性的な機能としてケア葛藤に作用している可能性を指摘しています。そして，これらの父性的，母性的機能は本来健全な家庭環境において父親・母親から分け与えられる養育環境であることを述べています。

　また，千賀（2011，2012）は児童相談所が法的根拠に基づいて子どもを保護した後に始まる保護者（親）との相談関係を「しぶしぶの相談関係」と命名しています。これは，「たとえ保護者の相談意欲が低くても，子どもの保護などの介入があるため通所が継続する相談関係」と定義され，今まで援助に拒否的で接触が困難であった保護者（親）との継続的な関わりが可能になるため，今後の援助の糸口になり得る関係性であると考えられます。

　援助要請をしない人の中にも援助が必要な人がおり，さらに言えば本人に援助要請の動機づけがなくても，子ども虐待のように法的にも支援しなければならない状況もあるのが現実です。そのため，援助要請研究の成果から「助けて」と言えるようにすることは大切ですが，高岡（2013）の研究のように「助けて」と言わない（言えない）親や子どもに対する支援者側からのアウトリーチも重要であり，その際に援助要請の心理を踏まえてより良い相談関係につながることを期待したいと思います。

---

[10] 援助者から積極的に援助を届けに行く活動であり，援助や治療の前段階として対象者を適切な援助機関・援助サービスにつなぐことを目標とする活動である（高岡，2011）。

第 4 節　本章のまとめ

　本章では，子育ての悩みごとに関する援助要請や母親自身の問題状況に関する援助要請について解説しました。現代社会では子育てに関するインターネットや育児書の情報が豊富にあり，それらの情報を比較的簡単に得ることができるため，直接的な悩みの相談は減っているのかもしれません。しかし，直接対面しながら相談することがなくなることはないでしょう。

(1)　子育ての悩みに関する親の援助要請態度

　幼児の親（本田ほか，2009），小学生の親（Raviv et al., 2003），中学生・高校生の親（飯田ほか，2006；太田・高木，2011）の援助要請態度には，親自身，子ども，相談相手という3者に向けられた期待感や抵抗感がありました。その中でも，幼児期の親にとっては子どもへの脅威と親への脅威はかなり近いものとしてとらえられている可能性があります（本田ほか，2009）。子どもの成長に伴って，親への脅威や心配と子どもへの脅威や心配の認識が分かれてくるようです（飯田ほか，2006；Raviv et al., 2003）。いずれにしても，子育ての悩みの相談をためらう親の心理を理解する上では，親自身，子ども，相談相手のそれぞれに対してどのような期待感や抵抗感を抱いているかを理解していくことが求められます。

(2)　親の援助要請の心理に配慮した関わり方

　親の援助要請の心理を考えることは共感的理解につながります。保育者（保育士や幼稚園教諭）など周囲の人々のあたたかい姿勢を通して1人ひとりの養育者とよりよい人間関係を構築していくと，さらなる相談しやすさにつながると思います。相談に訪れた親のみでなく，相談をためらう親の心理の揺らぎにも共感を示しながら子どもの成長をともに眺める関係が望まれます。

　石隈（1999）は，親（保護者）は自分の子どもの専門家であり，学校教育の専門家である教師，心身のケアの専門家である養護教諭，心理学などの専門家であるスクールカウンセラーと対等な専門家同士として尊重し合い，子どもの援助のために連携していく姿勢の重要性を述べています。親を尊重しながら関わることで1つひとつの親の相談経験の満足度を高めることができれば，将

来援助要請が必要なときに相談しやすくなると考えられます。このような日常的な関わりの積み重ねを大切にしていくことが重要です。

【第 2 部】
実践（援助）編

第 4 章　援助要請の心理に対する介入方法

第 1 節　援助要請への介入の理論的枠組み

　第 1 部【理論（心理理解）編】では，「助けて」と言わない（言えない）心理の研究である援助要請の研究を紹介しました。特に，相談することに対する肯定的−否定的な態度や考え方である援助要請態度，「相談しよう」，「相談したい」という思いの強さである援助要請意図・意志，そして実際に相談する行動である援助要請行動，という 3 つの側面を組み合わせながら，「相談したいけれどできない」という相談をためらう心理を細かくとらえる方法を解説しました。さらに，援助評価（相談した後の考え方），援助要請スキル（援助要請行動の質），なども紹介しながら，機能的な援助要請行動についても紹介しました。

　第 2 部【実践（援助）編】では第 1 部で紹介した研究成果を踏まえて，「助けて」と言わない（言えない）人にどのような援助ができるか，またその周囲の人の関わり方をどのように変えていくと相談しやすくなるのか，という点について，具体的に見ていきます。

　まず，援助要請に対する介入研究の成果と課題を紹介します。「心理の変容をめざす」とはいえ，基本的な発想として重要なことは，第 1 部と同様に「助けて」と言わない（言えない）人の責任にしないことです。第 2 節以降で紹介するさまざまな方法によって，援助要請の態度，意図・意志，行動の変容をめざしますが，それらは研究者の思いどおりに人の心理を変えようとする試みではなく，「助けて」と言えないことによって苦しんでいる人々，または将来本当に困ったときに苦しむ可能性がある人々の，現在と将来の幸福を追求するための試みです。

　さて，援助要請への介入を考える際にいくつか整理しておくとよい点があり

第 1 節　援助要請への介入の理論的枠組み

ます。本節ではそれらの理論的な枠組みを紹介し，第 2 節以降で個々の研究成果と課題を紹介します。

(1) 介入対象となる援助要請の心理の側面

まず，考える必要があるのは援助要請のどの側面にアプローチするかという点です。「助けて」と言えない心理を理解していく上で，第 1 部では援助要請の態度，意図・意志，行動に分けてとらえて，それらのバランスによって複雑な心理を理解することを解説しました。介入対象を考える際にも，この態度，意図・意志，行動を分類することが重要です。これまでに行われた援助要請の介入研究を見ると，援助要請の側面ごとに介入する内容が異なります（もちろん，いずれも援助要請という同じ心理であることに変わりはないので，重複する部分もあります）。それらを表 4-1 のように整理しました。

表 4-1　援助要請への介入における介入対象と目標

介入対象		介入目標
被援助志向性	援助要請態度	援助要請に対する期待感を促進し，抵抗感を抑制すること
	援助要請意図・意志	1 人では解決できないような問題状況において，援助を求めようと思いやすくすること
	援助要請行動	【量を増やす介入】1 人では解決できないような問題状況において，実際に援助を求める行動を起こしやすくすること
		【質を高める介入】援助を求める際に，上手な援助の求め方ができるようになること

なお，援助要請に対する介入研究は近年増加していますが，子どもや親を対象とした研究はそれほど多くありません。そのため，本章では子どもと親以外を対象としていても「助けて」と言えない心理の変容をめざす上で重要であると思われる研究も紹介しながら，子どもと親への援助に研究知見をどのように活用できるかを考えていきます。

第2節　援助要請態度への介入方法

第1節で述べたように，援助要請態度への介入の目標は援助要請に対する期待感を高め抵抗感を低めることです。

(1) 援助要請態度とスティグマ
援助要請とスティグマの関連：

カウンセリングなどの専門家に対する援助要請態度を肯定化する介入研究では，スティグマが重視されています。スティグマはパブリックスティグマ（社会にあるスティグマ）とセルフスティグマ（自分自身が受けるスティグマ）に分類されます（Corrigan, 2004）。これら2つのスティグマとカウンセリング

図4-1　スティグマと援助要請の関連（Vogel et al.(2007)を基に作成）

に対する援助要請態度，援助要請意志の関係は図4-1のように示されます（Vogel et al., 2007）。この研究成果によれば，パブリックスティグマはセルフスティグマとして内在化され，カウンセリングに対する援助要請態度に影響します。因果関係としては，パブリックスティグマがセルフスティグマに影響を与える方向が見出されており（Vogel, Bitman, Hammer, & Wade, 2013），社会に浸透する否定的な認識が個人の価値観に影響すると考えられます。スティグマが高い（否定的な認識をしている）ほど援助要請態度が否定的であり，「相談したい」という意図を減じる可能性があります。重要なことは，パブリックスティグマは直接的には援助要請の態度や意図に影響しない点です。パブリックスティグマ，つまり社会全体の心の病や専門的援助に対する否定的な認識を低減させることは重要ですが，個人に内在化されたスティグマを減らすことの重要性も忘れてはなりません。

Vogel & Wade（2009）はこれらのスティグマを低減する方法をまとめています。パブリックスティグマを低減するための方法には，心理援助の専門家や

メンタルヘルスサービスの提供者が主要なメディアなどに出てくる心理療法や患者の不正確な情報に異を唱えること，心理療法に関する正確な情報を教育すること，心の病などのある当事者と直接対面すること，の３つがあります（Corrigan & Penn, 1999）。これらの中でメディアへの働きかけは心の病に対する否定的な態度（抵抗感）を減じるものの，肯定的態度（期待感）を促進することは難しいと考えられるため，教育を通して態度変容を図ったり，地域で良き隣人として生活している心の病などのある当事者と対面したりすることが重要であると考えられています（Corrigan & Penn, 1999）。

　また，セルフスティグマを低減するためには，スティグマをうまく管理するのに必要なスキルを得るための認知行動的方略（個人の認知（考え方）と行動の変容に焦点を当てたさまざまな方法）が有効であることが示されています（Vogel & Wade, 2009）。

子育ての悩みの援助要請とスティグマ：

　子育て中の親の援助要請とスティグマについては，プライマリ・ケアを行う病院に来た４～８歳児の親（19～50歳）の親教室への参加意図で検討されています（Dempster, Wildman, & Keating, 2013）。この研究では，パブリックスティグマを親に対するものと子どもに対するものに分けて検討しています。分析の結果，親のセルフスティグマは援助要請意図を低める可能性があること，そして，子どもの問題となる行動（規則を聞かない，など）が軽い場合に限って，親のパブリックスティグマと子どものパブリックスティグマの両方が援助要請意図を低める可能性があることがわかりました。これらの結果は，子どもへのスティグマよりも親自身へのスティグマの方が援助要請意図との関連が強いことを示しています。

　なお，子どもの問題状況の大きさよりもその問題状況に直面した母親が感じる深刻さの方が援助要請と関連するという結果は多くの研究から得られています（Zwaanswijk, Verhaak, Bensign, Ende, & Verhulst, 2003）。つまり，どんなに子どもが困っていても，親自身が問題状況として認識しなければ親の援助要請にはつながらない可能性が高いと言えます。これらの研究から言えることは，困っている子どものために行われる親の援助要請行動には親自身の問題状況やスティグマの認識がより影響しているということです。第１章で紹介した援助要請経路の理論からも，援助要請する主体が問題状況を認識するかど

うかが重要となります（本田，2014）。そのため，子育ての悩みの援助要請態度の肯定化を促し（期待感を高め抵抗感を低め），援助要請意図を高めて行動につなげるには，親自身の認識の仕方に関わっていくことも重要です。

(2) 援助要請態度とメンタルヘルスリテラシー

援助要請態度を肯定的にする介入において，メンタルヘルスリテラシーを高める方法が多くの研究で採用されています。メンタルヘルスリテラシーとは精神障害の認識，管理，予防を助けるための知識や信念（考え方）のことであり（Jorm, Korten, Jacomb, Christensen, Rodgers, & Pollitt, 1997），具体的には表4-2に示す6つの内容が挙げられます（Jorm, 2000；中根ほか，2010）。メンタルヘルスリテラシーはメンタルヘルスや心の病の理解を促進し，スティグマを低減し，精神障害の気づきと予防を助け，援助要請の態度や行動を促進するものであると考えられています（Wei, Hayden, Kutcher, Zygmunt, & McGrath, 2013）。また，表4-2にはJorm（2000）と中根ほか（2010）を参考に作成した援助要請との関連も記載しています。

メンタルヘルスリテラシーを高めることと同時に，中根ほか（2010）は支援システムの基盤を整備し適切に機能させることの重要性も指摘しています。つまり，「助けて」と言わない（言えない）人に対してメンタルヘルスリテラシーを高めることと，その環境への働きかけの両方が必要であるということで

表4-2 メンタルヘルスリテラシーの構成要素
（Jorm（2000），中根ほか（2010）を基に作成）

構成要素	援助要請経路との主な関連
心の病や心理的苦痛を認識する能力	問題状況の認識
自己解決の対処に関する知識と信念	自己解決の可能性の判断
	援助要請の必要性の検討
背景因子や心の病の原因に関する知識と信念	援助要請の必要性の検討
援助要請・被援助に関する認識と態度	身近な他者への援助要請の意思決定
	専門家への援助要請の意思決定
利用可能な専門的援助に関する知識と信念	専門家への援助要請の意思決定
メンタルヘルスの情報の収集方法に関する知識	専門家への援助要請の意思決定

す。

　メンタルヘルスリテラシーを高めるためには，パンフレットや冊子などを代表とした文章による情報提供を行う方法（小池・伊藤，2012），カウンセラーのビデオ映像を提示する方法（中岡・兒玉・栗田，2012），カウンセラーが直接対面して講義を行う方法（水野，2012，2014），などがあります。

　子どもや若者を対象としたメンタルヘルスリテラシーに関するものとして，厚生労働省（2011）は「こころもメンテしよう～若者を支えるメンタルヘルスサイト～」を作成し，詳細な情報を提供しています。

第3節　援助要請意図・意志への介入方法

　援助要請意図・意志への介入の目標は，1人では解決できないような悩みや問題状況に遭遇したときに，「相談しよう」，「相談したい」と思いやすくすることです。非常に困難な問題状況にいても相談しないのは，第2章，第3章でも見てきたように問題状況の深刻さや悩みの内容，周囲の人間関係など，さまざまなものが影響するためです。そして，援助要請態度も援助要請意図・意志に影響します。相談することに肯定的な態度である方が困ったときに「相談しよう」と思いやすくなるのです（Vogel et al., 2007）。

　援助要請意図・意志と関連する要因として，第2章，第3章では問題状況や対人関係などについて解説しました。問題状況自体をコントロールすることは難しいのですが，周囲の人間関係を調整していくことは立場によっては可能です。例えば教師は担任する学級の人間関係を見ながら，子ども同士の学び合いや助け合いの機会を作っていくでしょう。さらに，援助要請態度と援助要請意図・意志が関連するため（Vogel et al., 2007），援助要請態度への介入が援助要請意図・意志への介入にもなり得ます。

(1)　計画行動理論からの示唆

計画行動理論：

　近年では，計画行動理論（計画的行動理論）（Ajzen, 1991）を基にした研究が多くなされています。計画行動理論はさまざまな研究分野における人間の行動を予測するための理論的枠組みであり，人間の行動を予測するものとして意

表4-3 計画行動理論における3つの理論的枠組み
(Ajzen (1991) を基に作成)

援助要請意図の予測因	内容	援助要請意図を高めるための介入の例
行動に対する態度	特定の行動に対する好意的(非好意的)評価の程度	特定の対象に対する援助要請態度の肯定化
		メンタルヘルスリテラシーの向上
		スティグマの低減
主観的規範	行動の実行(不実行)に対する知覚された(主観的な)社会的な圧力	周囲の他者からの積極的な勧め
知覚された行動統制感	知覚された(主観的な)行動の容易さ(困難さ)	専門機関へのアクセス方法の情報提供
行動や状況により予測因の影響の程度が異なる		

図を位置づけ,その意図に強く影響する3つの要因を取り上げたものです(表4-3)。それらの3つは特定の行動をすることを,自分がどう思うか(「行動に対する態度」[1]),周りの人がどう思うか(「主観的規範」),どのくらい容易にできるか(「知覚された行動統制感」),と表現できます。これら3つが等しく影響するのではなく,行動や状況によって影響の仕方が異なってくると考えられています。

計画行動理論に基づく援助要請研究:

木村・水野(2008)では,大学生の学生相談への援助要請意図[2]に対して,学生相談の利用にどのくらい利点があると思うか(「行動に対する態度」),周囲の人(友人,家族,大学教員)は学生相談の利用をどのくらい期待すると思うか(「主観的規範」),学生相談室を利用することはどのくらい容易か(「知覚

---

[1] 計画行動理論では特定の行動に対する3つの要因が影響を与えると仮定している。そのため,例えば「行動に対する態度」とは特定の行動に関する態度を意味しており,援助要請研究においては学生相談の利用に対する態度を「アドバイスや助言がもらえる」などの質問項目で尋ねる方法や(木村・水野,2008),「私にとってメンタルヘルスサービスを受けることは」という言葉に続いて「役に立たない-役に立つ」,「価値がない-価値がある」などの形式(SD法)で尋ねる方法(Mo & Mak, 2009)が採用されている。いずれにしても,援助要請行動の対象や状況が特定された上での態度が測定されている。
[2] 木村・水野(2008)の原文では「被援助志向性」であるが,援助要請の3つの分類の中では援助要請意図・意志に該当する。

された行動統制感」)，の３つの影響を検討しました。分析の結果，学生相談に利点を感じているほど，周囲から利用することが期待されていると思うほど，援助要請意図が高いことが明らかになりました。この研究では「知覚された行動統制感」の直接的な影響は見られませんでした。

　18 ～ 65 歳の人の専門家への援助要請意図を検討した研究からも，「知覚された行動統制感」が援助要請意図に与える直接的な影響は小さいことが示されています（Mo & Mak, 2009）。これら２つの研究はいずれも子どもを対象としておらず，また親の子育ての悩みに関する援助要請の研究でもありません。しかし，計画行動理論に基づいた理解は援助要請意図・意志への介入を考える上で，非常に示唆に富んでいると思います。

計画行動理論に基づく援助要請意図への介入：

　これらの計画行動理論に基づく研究から，援助要請意図・意志を高めるための具体的な介入方法が見えてきます。「行動に対する態度」への介入としては，援助要請態度への介入と同様に，スティグマを低め，メンタルヘルスリテラシーを高めることが有効であると思います。

　「主観的規範」への介入は，周囲の人間関係を調整すること，特に影響力のある他者（友人等）が相談を勧めることなどが有効であると思われます。では，１人で解決できない問題状況で悩んでいる人に相談を勧める人とはどのような人でしょうか。子どもの場合は，周囲の人が援助要請にどのような期待感を有しているかによって影響されるようです（後藤・平石，2013）。そのため，水野（2012, 2014）のように学級集団全体を対象に援助要請態度を肯定的にするような心理教育が有効でしょう。このように，困っている友人に相談を勧める意識を高めるためには「助けて」と言わない（言えない）個人の援助要請に個別に介入していくことよりも，個人を含む集団全体（子どもであれば学級集団全体）に対して相談することの利点を実感してもらい，友人同士で困ったときに相談することを勧め合える関係を築く方が良いでしょう。あるいは，親を対象にスクールカウンセラーの利点を紹介して知ってもらい，実感してもらうことができれば，親が子どもに勧めることで子どもがスクールカウンセラーに相談しようと思いやすくなるとも考えられます。このような周囲の人間関係の調整は，子どもや親と接点が多い保育者や教師が得意とする部分であると思います。学校であればスクールカウンセラーと協力しながら，子ども同

士，親子で「相談を勧め合える関係」になってもらう関わりを創造していくことが重要です。

「知覚された行動統制感」への介入では，援助要請行動が実行できると思えるようになることをめざします。そのためには，具体的な援助の求め方を練習すること，つまり援助要請スキルを学習することが有効と考えられます。援助要請スキルへの介入は，前述したように援助要請行動の質を高めるための介入であり，上手に相談できるようになることを目標としています。上手に相談する方法を身につけることで，援助要請行動が実行できると思いやすくなるでしょう。しかし，援助要請スキルが不足していること[3]は援助要請行動[4]と直接は関連しないという研究（新見・近藤・前田, 2009）もあり，援助要請スキルが援助要請意図を高めるために有効であるとは言えないようです。

以上より，計画行動理論に基づいて援助要請意図・意志を理解すると，援助要請をしない個人への介入とともに，周囲の人への介入の必要性と有効性が見えてきます。このような発想は「助けて」と言わない（言えない）ことをその人個人の責任にしないという本書の主張とも合致します。

第4節　援助要請行動への介入方法

援助要請行動への介入目標は，自分1人では解決できないような問題状況において援助要請行動を起こしやすくすること（最適な援助要請行動）と，援助要請行動後の良い結果が実感できるようにすること（機能的な援助要請行動）の2つです。

(1) 最適な援助要請行動をめざす介入

援助要請行動の量を増やすためには，援助要請の態度，意図・意志，行動の3者の関連性を考えれば，援助要請意図・意志を高めることが重要となり（Wilson et al., 2005），それには援助要請態度への介入も有効であると思われます（Vogel et al., 2007）。一般には，行動を増やすためには意図・意志を高めればよい，意図・意志を高めるためには態度などに働きかければよい，とい

---

[3] 新見ほか（2009）の原文では「相談スキルの欠如」である。
[4] 新見ほか（2009）の原文では「相談経験の有無」である。

う流れで考えることができます。これは第1章で紹介した援助要請経路のモデルとも一致します。したがって，援助要請行動の量を増やすためには第2節，第3節で紹介した方法を用いることになります。

(2) 機能的な援助要請行動をめざす介入

援助要請スキルへの介入：

　援助要請行動の質を高めるには，援助要請スキルへの介入が有効であると考えられます。第1章で紹介したように，援助要請スキルには良い相手の選び方，良い方法の選び方，自己表現の仕方，という3つの構成要素があります。専門家への援助要請に関しては，たとえ援助要請スキルが低くても援助要請ができれば，専門家がていねいに話を聴きながら支援していける可能性が高いと言えるでしょう。しかし，友人や家族，教師といった身近な他者への援助要請においては必ずしも相談することで問題状況が解決したり精神的な健康さが向上したりするとは限らないため（本田，2009；佐藤・渡邉，2013），援助要請スキルがあるとよいと考えられます。

　援助要請スキルとはソーシャルスキルの1つです。小学校・中学校で必要とされるソーシャルスキル（佐藤・相川，2005；相川・佐藤，2006）は，対人関係の深まりとスキル獲得の難しさの点から図4-2のように分類できます。ソーシャルスキルとはもめごとを全く起こさずに付き合っていくような表面的な人間関係を作る技術ではなく，新しい人間関係を開始し，維持し，葛藤があっても修復できるような能力を言います。

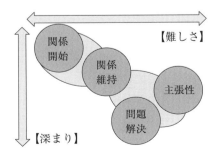

図4-2　学校で求められる基本的なソーシャルスキル
（相川・佐藤（2006），佐藤・相川（2005）を基に作成）

第4章　援助要請の心理に対する介入方法

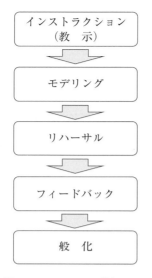

図 4-3　コーチング法によるソーシャルスキルトレーニングの方法
（相川・佐藤（2006），佐藤・相川（2005）を基に作成）

　ソーシャルスキルを高める方法はソーシャルスキルトレーニングと呼ばれ，援助要請スキルを高める介入もこの方法に基づきます。ソーシャルスキルトレーニングとは，良好な人間関係を発展させたり人間関係のつまずきを改善させたりすることで，子どもたちの人間関係をより良くし，精神的健康さの向上を図る指導・治療技法であり（佐藤・佐藤，2006），学校で集団を対象として行われる一般的な実施方法（コーチング法）は図4-3のような流れになります。
　ソーシャルスキルトレーニングは認知行動療法の一技法であり，援助要請スキルへの介入は認知行動療法に基づいた方法です。
援助要請スキルをより機能させるための介入：
　援助要請スキルを多く用いる人は周囲の他者から受け取るソーシャルサポートが多いとはいえ（本田ほか，2010），援助要請の相手が良いサポートをすることができなければ機能的な援助要請行動とは言えません。そのため，援助要請の相手となり得る人々のソーシャルサポート提供スキルが高いことが重要になります。さらに，たとえよいサポートを受けたとしても，それが「甘えすぎ

た」などの援助評価につながることで精神的健康さを低めてしまう可能性があります（本田・新井・石隈，2008）。そこで，個人ではなく集団を対象としたソーシャルサポート提供スキルのトレーニングや，援助要請した人が否定的な援助評価をしにくくするような介入も合わせて行う方が望ましいと考えられます。このような実践（機能的な援助要請行動への介入）はまだ研究が始まったばかりであり，本書では詳しくは扱わないことにします。

第5節　援助要請経路に基づく理解と介入方法

　援助要請への介入は態度，意図・意志，行動のそれぞれに働きかけ，「過不足なく」，「上手に」援助を求めることをめざします。そこで，本節では援助要請経路の点から，筆者が考える援助要請の心理の理解と援助方法を解説します。

　困っている人が相談さえしてくれれば，保育者，学校の教師，養護教諭，スクールカウンセラー，医師，看護師，保健師などのさまざまな専門家が支援できることは実にたくさんあります。しかし，多くの専門家がその能力を発揮できずにもどかしい思いを経験したことがあると思います。なぜなら，本人が相談をしなかったり，こちらからの援助の申し出を断ったりすることがあるためです。このようなもどかしさは「なかなか『つながる』ことができない」と表現されることがあります。援助要請の心理に基づく理解と援助はまさにこの「つながり」を作るために役立ちます。

(1)　援助を求めない人の心理状態の理解と援助

　ここでは，第1章で紹介した本田（2014）による援助要請経路（相談するまでの心理の流れ）に基づきながら，「助けて」と言わない（言えない）心理を詳細に見ていきます。そして，第5章では子どもの事例，第6章では親（保護者）の事例を基に，相談をためらう子どもと親の心理をどのように理解し援助すると「つながる」ことができるかについて考えたいと思います。「助けて」と言わない（言えない）心理は，「困っていない」，「助けてほしいと思わない」，「『助けて』と言えない」という3つに分類できます。本節では図4-4のようにさらに細かく5つに分けてとらえます。とはいえ，「助けて」と言わな

第 4 章　援助要請の心理に対する介入方法

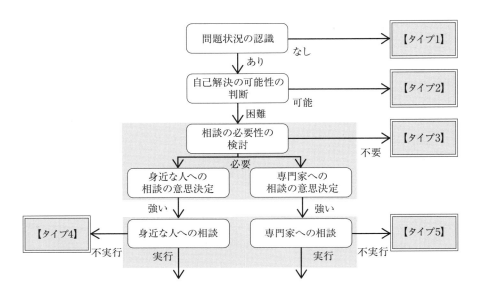

図 4-4　援助要請経路に基づく心理状態の理解（本田（2014）を基に作成）

表 4-4　援助要請しない人への援助の必要性

事例の タイプ	援助の必要性	
	なし（または低い）	あり
タイプ 1	問題状況自体がない	援助者には問題状況に思える
タイプ 2	自分で対処できている（問題状況が自分にとって重大・深刻ではない）	援助者には自己解決が困難に思える（対処しきれていない，対処が不適切である）
タイプ 3	自力で対処するために努力しており，援助者から見て自己解決できそうである	相談する余裕がないほど多忙である。相談したいと思えないほど疲弊，無気力化している。または，もともと相談すること自体を否定的に考えている
タイプ 4	（基本的に援助が必要と考えられる）	本人に身近な人への相談の意図が強いのに，ためらっている
タイプ 5	（基本的に援助が必要と考えられる）	本人に専門家への相談の意図が強いのに，ためらっている
援助者の判断（アセスメント）能力と感情（援助動機）にも注意を向けて，対象者にとっての援助の必要性を吟味する		

い人すべてに援助が必要なわけではありません。表4-4では,「助けて」と言わない人の心理と援助の必要性を整理しました。なお,表4-4では「援助者」という表現を使っています。これは「助けて」と言わない(言えない)人を援助する人という意味を込めており,専門家(医師,教師,保育士,保健師,福祉士,心理士,など)のみでなく,子どもにとっての親や家族なども含めて考えています[5]。

また,第1章で図1-2を解説した部分でも書いたとおり,図4-4では上から下に流れる形で心理の流れが表現されていますが,他の援助要請経路に関する理論と同様に上の段階に戻る心理も働くと想定します。そのため,実際は5つの段階を行き来しながら,ある時点での状態として5つのタイプに分類できると考えて,心理理解と具体的な援助を行います。

援助要請をしない人へ援助を行うに当たり,自ら援助を求めない人にこちらが必要であると思う援助を提供しても,対象者にとっては「余計なお世話」と思われたり不快に感じられたりしてしまうこともあります。もちろん,日頃の信頼関係がある間柄であれば,援助者からの申し出によって対象者が気づき,援助関係が始まることも多いでしょう。そのような場合であれば「つながる」ことはできますが,本書ではなかなかうまくつながることができない対象者の心理をどのように理解し,相手の立場に立った援助が提供できるかについて考えます。

(2) 援助要請の心理理解に基づく4ステップの支援方法

ここで紹介する4ステップの支援方法は,主に個人(個別の事例)への介入に対する考え方です。援助の目的は援助要請行動を行わせることではなく,援助要請しない対象者と「つながり」を作ることにあります。たとえ対象者が援助要請行動を行わなくても,「つながり」の中で問題状況が解消されればよいからです。

---

5) 石隈(1999)は援助(helping)を援助的人間関係あるいは相互の援助行動というカウンセリング(援助を提供するカウンセラーと援助を受けるクライエントという関係が固定化している援助関係)の上位概念と位置づけている。本書では,子どもにとっては親(保護者)も身近な(専門家ではない)援助者であるととらえ,「援助者」という表現を用いた。なお,「支援」という言葉がよく使われる場合があるため(子育て支援,特別支援教育など),本書では援助と支援をほぼ同義のものとして用いている。

第 4 章　援助要請の心理に対する介入方法

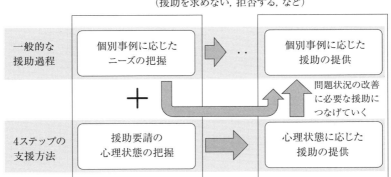

図 4-5　一般的な援助過程と 4 ステップの支援方法の関連

　4 ステップの支援方法は援助の必要性が高いのに「助けて」と言わない（言えない）人とつながるために，その人の心理のどの側面に働きかけることが良いかを判断するために使う方法です。そして，判断した後にはこれまでの研究や実践で取り入れられているさまざまな方法を用いて関わっていき，最終的にニーズに見合った適切な援助を提供することをめざします。一般的な援助の方法として，対象者のニーズを把握した上で個々の事例に合わせた援助を行います。しかし，援助者が「このような援助が対象者の役に立ちそうだ」と思っても，対象者が援助を求めていなかったり拒否したりする場合は，その援助を効果的に行うことが難しくなるでしょう。4 ステップの支援方法とは，このような事例に応じた援助を対象者により届きやすくするためにはどのような関わり方を加えるとよいか，という情報を提供するものです。一般的な援助の過程と組み合わせることで，対象者のニーズと援助の間に「つながり」が作りやすくなると考えられます（図 4-5）。この図 4-5 の具体例として，第 5 章と第 6 章の実践事例から 2 つを図示しています（図 5-5，図 6-2）。

　「助けて」と言わない心理を「困っていない」（【タイプ 1】【タイプ 2】），「助けてほしいと思わない」（【タイプ 3】），「『助けて』と言えない」（【タイプ 4】【タイプ 5】）に大きく分けて考えると，これらの心理状態にある人に援助を届

表 4-5　援助要請経路に基づく 4 ステップの支援方法

4 ステップの支援方法の目標	
援助要請しない対象者と「つながり」を作ること （援助要請行動を強制することではない）	
支援のステップ	内　　容
1　心理状態の把握	援助要請の心理の 5 つのタイプの中から現在の心理状態に最も近い部分を探す
2　援助方針	モデル図の矢印を 1 つ戻った段階（とどまっている段階）に働きかけることを方針とする
3　援助案	援助方針を実現するための具体的な方法を検討し実行する
4　更なる援助方針と援助案	援助案がうまくいかない場合，モデル図の矢印をさらに戻った段階に働きかける（共有できる部分を探し，共有する）

ける，すなわち「つながる」ために，次のような 4 ステップで考えるとよいと思います（表 4-5）。

　第 1 ステップは援助要請の心理状態の把握です。対象者（子どもや親）が援助要請の心理の理論上のどこに位置するかを把握することです。5 つのどのタイプに最も近いかを考えることで，その時点で援助要請の心理の流れのどの段階にとどまっているかを把握します。

　第 2 ステップは援助方針[6]です。図 4-5 に基づいて，現在の心理状態のタイプから矢印を逆にたどります。例えば【タイプ 2】であれば，援助方針として「自己解決の可能性の判断」に働きかけることを最初に考えていくことになります。対象者と直接話しているときには，この段階にある対象者がどのように感じ考え，判断しているかを傾聴し，対象者の心理理解を深めます。

　第 3 ステップは援助案[7]です。援助方針に基づいて具体的な援助案を考えます。さまざまなアイディアを出しながら，対象者にとってその方法が有効であるか，対象者のためになるか，支援者自身が実行可能か，などの点から吟味していきます。この第 3 ステップで検討する援助案は援助要請経路を右に進むが，援助の必要性がない状態になること，または下に進んで援助要請行動を行

---

[6] 問題状況に関する情報を収集・分析した結果に基づいた援助の大きな柱としての方針（石隈・田村，2003）である。
[7] 援助方針に基づいて立案される具体的な援助の案（石隈・田村，2003）である。

うことを目的にしています。いずれにしろ，援助要請経路を1つ戻ったところから次に進むための援助案を考えることになります。

　第4ステップは，さらなる援助方針と援助案です。第3ステップで考えた方法では「つながる」ことが難しいと思われる場合や，実行してうまくいかなかった場合などに，この第4ステップに移ります。第4ステップでは，第2ステップで援助方針を立てた段階から1つ上の段階に矢印を逆にたどります。例えば【タイプ2】の心理状態の対象者に「自己解決の可能性の判断」の適切な認識を促すように働きかけてもうまくいかなかった場合，1つ段階を戻り，「問題状況の認識」に働きかけることで対象者のニーズ[8]との「つながり」を見出します。対象者の位置する段階の1つ上の段階までは対象者自身もニーズを感じていると考えられるため，「つながる」可能性が高いと思われるからです。もし1つ上の段階でもつながることが難しければ，さらに1つ上の段階に戻り，「つながる」部分を探していきます。第4ステップでは，そのような対象者のニーズへの援助を考えて提案します。

　第3ステップは対象者が援助要請経路を先に進む（右に進んで援助が必要ない状態になる，または下に進んで援助要請する）ことをめざした援助案の立案でしたが，第4ステップは支援者が援助要請経路を上に進むことで対象者と「つながり」を作る試みと言えます。このような形でまずは対象者と「つながる」ことができれば，対象者の顕在的ニーズに合った援助を行いながら信頼関係を形成し，対象者の潜在的ニーズへの援助にも発展できる可能性が生まれます。

　なお，これらの支援の必要性を判断する上で，援助者側の判断の適切性や援助する動機も考慮することが不可欠です。対象者に援助の必要性（潜在的ニーズ）がないのに援助を勧めることは適切ではないでしょう。詳しくは，第6節で介入における留意点として解説します。

　この4ステップの支援方法の前提として特に重要な点は以下の2つです。ま

---

[8] 援助が必要とされている対象や領域のことであり，客観的に何かが不足している状態のことを意味する（黒沢・森・元永，2013）。対象者自身が表明する「顕在的ニーズ」と，対象者自身に気づかれておらず表明されない「潜在的ニーズ」に分類される。対象者が「こうしてほしい」という要求行動や「これが欲しい」という欲求とは異なり，ニーズがあっても対象者が自ら要求しない場合や，欲求や要求があっても客観的なニーズが存在しない場合もある（黒沢ほか，2013）。

ず，対象者自身のニーズをとらえることで対象者と「つながる」部分を見出そうとすることです。援助者が考える望ましい解決方法（カウンセリングを受けること，など）を押しつけるのではなく，対象者のニーズを探求しながら自己決定を尊重する姿勢を強調します。そのため，援助要請経路に沿って対象者の心理を理解した後に矢印を逆にたどっていきます。そのような話し合いの過程で対象者の援助要請意図が高まってきた場合には，適切な相手に援助要請行動を行うことについて話し合うことになります。

　もう1つの重要な点は，必ずしも対象者が援助要請行動を実行することを目標としないことです。援助者は援助要請行動が必要であると考えたとしても，対象者は必ずしもそう望んでいないことがあります。目標は対象者の問題状況がより良い形で解消されることであり，援助要請行動を行うことはそのための方法の1つでしかなく，他の方法（今までとは別の自己解決の対処など）によって問題状況が解消すればそれでもよいことになります。援助要請行動自体を目標とせず，あくまで方法の1つとして考える姿勢が重要です。

(3)　「助けて」と言わない（言えない）心理への気づき

　援助要請の心理の流れに基づいて心理を理解し，援助する方向性を考えるにあたり，まずは困っている人に周囲の他者が気づくこと，つまり援助要請感受性（本田・本田，2014）が必要です。援助要請感受性を高めることで，困っている人に気づき，「あの人は困っているのになぜ援助を求めないのだろう」とその心理を理解することが必要です。援助要請感受性に関する研究は始まったばかりであり，今後研究成果を重ねていく必要がありますが（本田・本田，2014），親であれば子どもの個人内差への気づきを高めるために，普段から特定の場面（学校から帰ってきたとき，夕食後，など）での子どもの様子を観察し，その場面での子どもの様子の変化を見つける方法が役に立ちそうです。

　援助要請感受性と関連して，「助けて」と言えない人の周囲の人が変わる必要性も指摘したいところです。「助けて」と言えない子どもと親に対して，果たして自分は援助者として信頼されているのか，「相談したい」と思えるだけの信頼関係を日頃から作ることができているか，常に自分の関わりを振り返り改善していく努力も求められます。とはいえ，たとえどんなに相談しやすい環境であっても個人の有する援助要請態度や過去の否定的な相談経験などの影響

で「相談したい」と思えないこともあります。本書で何度も繰り返すように，「助けて」と言わない（言えない）人と「助けて」が届かない環境の両方から考えていくことが重要です。

(4) 「困っていない」人への援助方法（【タイプ1】）

　「困っていない」心理状態の人には【タイプ1】と【タイプ2】があります。これらの共通点は，問題状況に対して自己解決が可能であると判断しており（解決の必要自体がない場合も含みます），援助要請意図が低く，行動もしていない状態です。2つのタイプの違いは，【タイプ1】では問題状況の認識自体が乏しいのに対し，【タイプ2】では問題状況は認識したうえで自分の対処で解決できると考えている点です。

　日常的に相談を促す方法として，大人の方から子どもに「困ったことがあったらいつでも相談してね」と声がけしたり，不安や落ち込みの様子を見せる子どもに大人の方から「何かあったの？」と声がけしたりすることが多く行われていると思います。実際にそう言われたことがきっかけとなり，「相談しよう」と思いやすくなることも多いでしょう。しかし，援助要請の心理の過程から考えると，困っていない状態（【タイプ1】や【タイプ2】）では，そもそも「相談しよう」と思うきっかけすらない状態であると言えます。そのような心理状態の人に「いつでも相談してね」とこまめに声がけしても，自分のこととして受け止めてもらえず大人の呼びかけが届かない，つまりそれほど有効でない可能性があります。人は，自分が援助を必要としているときに「相談してね」と声がけされることで，背中を押され勇気を出して相談できると思います。

　これらの「困っていない」人の中で援助の必要性が高い人に対する援助方法について解説します。

　表4-4に示すように，【タイプ1】で援助が必要な場合（ニーズがある場合）とは，「本人に問題意識がないものの援助者から見て援助が必要であると判断される場合」です。

　このような状況になる理由はさまざまに考えられます。例えば田嶌（2009）は，いじめ，子ども虐待，DV，犯罪被害などを例に挙げて問題状況を認識する力の重要性を指摘しています。また，特に被虐待，性暴力被害などを経験している子どもは対処の必要性の認識を持ちづらくなることがあります。これら

は善悪の判断ができていないからではなく，被害者と加害者という関係性で被害を受けた子どもたちが「これはいけないことなんだ」などと思いにくくなる心理が働いているためです（伊藤ほか，2003；松浦，2013）。また，特に発達障害のある子どもの中には場面や状況の読み取りが極端に苦手な子どももいます。

【タイプ1】の心理状態にある人に対しては，「問題状況の認識」を適切に行うように働きかけることが援助方針となります。つまり，「自分が困っている（うまくいっていない）ことをはっきりと認識できていない人」に対してどのように認識する力を高めるか，という点について考えることになります。

メンタルヘルスリテラシーへの介入：

援助案としてはメンタルヘルスリテラシーを高める介入が考えられます。第2節で紹介したように，メンタルヘルスリテラシーのうちの「疾患を認識する能力」を高めるために情報提供や心理教育を行うことは，自分や他者の問題状況への早期の気づきを促すことにつながると思います。つまり，メンタルヘルスリテラシーへの介入は援助要請態度を肯定化するとともに，「問題状況の認識」を適切に行うことも促すと考えられます。

また，被虐待，性暴力被害などの深刻な問題状況に関しては，個々の子どもが体験した問題状況に合わせたていねいな心理教育が求められます。さらに，発達障害のある子どもには，具体的な問題状況を提示しながら理解を促すような心理教育が必要になることもあります。

感情コンピテンス[9]への関わり：

別の援助案として感情コンピテンスを高める介入も考えられます。中学生を対象とした研究では，感情コンピテンス[10]の一部である，自分の感情の調整とともに周囲の他者の感情の理解ができるほど，スクールカウンセラーへの援助要請に対する期待感[11]が高いことが明らかにされています（水野・山口，2009）。つまり，自分と他者の両方の感情に気づくような機会を提供していくことが重要となります。

---

9) 森口（2010）は感情コンピテンスの初期の概念（Saarni, 1999；佐藤監訳 2005）を再検討し，「感情が引き出されるような社会的相互作用の中において，自分自身や環境の変化に対処するために必要な感情に関する能力に対する効力感」と表現している。
10) 水野（2012）の原文では「情動コンピテンス」である。
11) 水野・山口（2009）の原文では「援助の肯定的側面」である。

さらに援助要請以外の点からも，子どもが感情についてよく知ること（大河原，2004, 2006），自分の感情に気づいてコントロールし社会的に受け入れられる形で表現することは重要であると考えられています（相川・佐藤，2006）。感情コンピテンスを高くすることで，自分の不快感情に気づきやすくなり，乱暴な行動などで感情を発散させずに言葉で話し合うことによって感情を収めていくことができるようになると期待されます。

とはいえ，感情面に迫ることには危険性もあります。自分でも認めたくないほどの傷つきを抱えている子どもは，感情と向き合わないことで自分を保ち生活していることがあります。そのような子どもに学校という日常生活で深い感情の表明を求めることは，現在の生活を脅かしかねない関わりである可能性さえあります。そこで，学校という日常生活の場面で，かつ，子ども集団が参加する実践では，感情に緩やかに関わる姿勢が望ましいと考えています。

(5)「困っていない」人への援助方法（【タイプ2】）

【タイプ2】で援助が必要な場合は，「本人は問題状況を自分で解決できると思っているが，援助者からはそうは思えない場合」です。このタイプには問題状況への対処が不足している場合（問題状況が大したことではないと思ってあまり対処していない場合）や，対処が不適切である場合（望ましくない方法で対処しているが本人は不適切さに気づいていなかったり，それでよいと思っていたりする場合）があります。【タイプ2】の場合に最初に考える援助方針は，「自己解決の可能性の判断」に働きかけることです。

メンタルヘルスリテラシーへの介入：

具体的な援助案の1つは，メンタルヘルスリテラシーの「自己解決の対処に関する知識と信念」への働きかけです。この部分の情報提供や心理教育により，適切な対処が自分で行えるようになるとともに，それでも解決が困難であれば第3段階の「相談の必要性の検討」に進むと思います。自己解決の対処としてできることが分かれば自分で対処をしやすくなり，それでも解決しなかった場合は相談の必要性も認識されやすくなると期待されます。

問題解決スキルを用いた話し合い：

もう1つの援助案として，問題解決スキル[12]を使いながら現在の対象者なりの対処の不足や不適切さを話し合いながら検討することが考えられます。問題

表 4-6 子どもを対象とした問題解決スキルの主なステップの例
(江村 (2006), 石川 (2013), 嶋田ほか (2010) を基に作成)

	問題解決のステップ	内　　容
1	問題理解の枠組み	普段行っているうまくいかない問題解決のパターンを認識し, 具体的な場面を示しながら問題解決のステップを解説し, 問題解決の努力を高めるような考え方ができるように促す
2	問題の明確化	具体的な場面や状況の中で生じている自分にとっての困りごとを明確にし, 適切な目標 (回避的, 衝動的ではなく, 自分も相手も尊重するもの) を立てる
3	解決方法の案出	目標達成のための具体的な解決方法を, 良し悪しや実行可能性を評価せずにできるだけ多く考える
4	結果の予想と解決方法の選択	第3ステップで案出された解決方法の結果を, 自分への結果, 相手 (他者) への結果, 副作用 (他に生じる嫌なこと), 実行可能性, またはそれぞれに対する短期的効果と長期的効果などの点から多角的に評価する。評価に基づいて実際に行う解決方法を選択する
5	解決方法の実行と評価	第4ステップで選択された解決方法を日常生活の場面で実行するために, より具体的な計画を立てて練習し, 実行する。実行した結果を評価し, 必要に応じて第1ステップに戻り, 別の対処方法を試す

解決スキルとは, 唯一の正解がないような日常的な問題状況 (人間関係上の葛藤など) において適切な対処方法を考えて実行し, その結果を振り返りながら必要に応じて次の対処を考えていくスキルです。

問題解決スキルには5つのステップがあり (D'Zurilla, 1986；丸山監訳, 1995；石川, 2013)[13], 表4-6には学校で行われている子ども集団を対象とした問題解決スキルに関するトレーニング (江村, 2006；石川, 2013；嶋田・坂

---

12) 認知行動療法の技法としては問題解決療法と呼ばれ (D'Zurilla, 1986；丸山監訳 1995；石川, 2013), 個人の認知と行動の両方にアプローチしながら具体的な問題解決の方法 (ステップ) 自体を習得していくことをめざす。学校で集団を対象に実施する場合には, ソーシャルスキルの1つである問題解決スキル (相川・佐藤, 2006) としても実施される。本書で紹介する実践では, 問題解決療法を実施するのではなく, 援助者の問題解決スキルを用いた関わり方によって対象者に対処方法の案出や評価を促す関わりをしているため, 問題解決スキルという用語に統一した。
13) D'Zurilla (1986　丸山監訳　1995), 石川 (2013) の原文では「問題解決療法」である。

井・菅野・山﨑，2010）を基に主要な構成要素を示しました。実際にあたっては，小学生5・6年生を対象とした実践[14]では第1ステップをその他のステップ全体と関連するものとして位置づけて実施したり（宮田・石川・佐藤・佐藤，2010），高校生を対象とした実践では第2〜4ステップに焦点を当てて「問題解決のコツ」として実施したり（嶋田ほか，2010）するなど，子どもの発達段階や学校での実施しやすさが考慮されています。どのような実施方法を行うにせよ，解決方法の案出と評価（結果の予想と解決方法の選択），つまり第3ステップと第4ステップが特に重要であると考えられます（高橋・小関・嶋田，2010）[15]。

　通常の認知行動療法やソーシャルスキルトレーニングで行われる問題解決スキルのトレーニングでは，対象者自身が問題解決スキルが使えるようになることを目標として実施しますが，援助者が問題解決スキルを使いながら対象者と話し合うことで，対象者自身の対処方法の不足や不適切さ，より良い対処方法への気づきを促すことが期待されます。

　不適切な対処をしている場合の例として，短期的には自分にとって望ましい結果が多いものの（怒り感情がすっとなくなる，相手が自分の要求を受け入れる，など），長期的に見ると本人にとって望ましくない結果が多くなる場合があります（些細なことで怒り感情がまた湧いてくる，人間関係が疎遠になる，など）。問題解決スキルでは，問題状況においてどのような目標を持ち，そのための対処方法のメリット−デメリットを多角的に考えた上で適切な対処を行い，評価するという一連の流れを採り入れています。援助者側が話し合いの際に問題解決スキルを使うことで，対象者も問題状況に応じた別の対処を実行したり，あるいは自己解決が困難であると判断して援助を求めたりする可能性が高まるでしょう。本田（2012）はけんかをして落ち込んでいる小学生と面接する際に問題解決スキルを使って話し合う様子を紹介しています。

　これらの「自己解決の可能性の判断」への働きかけを通してもうまく「つながる」ことができない場合，1つ前の段階である「問題状況の認識」の段階に戻って対象者のニーズを理解していくことが必要になります。対処が不足して

---

[14] 宮田ほか（2010）の原文では「社会的問題解決訓練」である。
[15] 高橋ほか（2010）の原文では「社会的問題解決スキル訓練」である。

いる場合（対処すること自体がそれほど必要ないと思っている場合）などは，「問題状況の認識」を【タイプ1】への援助と同じように考えて行い，何らかの対処を行う必要性自体を高めていくことも援助方針となるでしょう。

(6)「助けてほしいと思わない」人への援助方法（【タイプ3】）

「助けてほしいと思わない」人（【タイプ3】）の特徴は，問題状況を認識し自己解決が困難であると判断しているにもかかわらず援助要請意図が低いために援助を求めていないことです。おそらく援助要請態度が否定的であることが影響しているでしょう。多くの場合は自己解決が困難であれば相談しようと思うと考えられるため（高木，1997），割合としては少ないかもしれませんが，実践ではこのような心理状態の人と出会うこともあるでしょう。そして，援助者が「つながる」ことが難しいと感じることも多いと思います。

【タイプ3】で援助が必要な場合はいくつか考えられます。まず，相談する余裕がないほど多忙である場合です。これは環境側の要因（仕事量が多すぎる，など）が大きい場合です。また，相談したいと思えないほど疲弊，無気力化している場合もあります。これは個人の全体的な健康状態が悪いために，相談しようという意欲さえも湧かないような状態です。さらに，もともと相談すること自体を否定的に考えている場合も考えられます。過去に相談したことはあっても，「相談しなければよかった」という経験ばかりを多くしてしまっていると「相談したい」とさえ思わなくなる可能性があります。このように，過去の否定的な相談経験が否定的な援助要請態度に影響すると考えられます。これらは別々のものではなく，例えば環境側の要因として多忙な中で自己解決の努力を重ねるがうまくいかず，自分1人で解決できない状況でも相談には抵抗があるために自助努力を重ねるものの，疲弊や無力感が極度に蓄積されていき，相談しようという意欲さえも生じなくなっている，というように，相互に関連していると思います。

どのタイプであっても共通することですが，対象者がどのタイプであるかを把握しながら，「なぜこの人はこのような心理状態にあるのか」を共感的に理解しようとすることが重要です。「助けて」と言わない（言えない）ことを本人の責任にするのではなく，個人と環境の折り合いが悪くそうならざるを得ないという見方をするのが現実的であると考えます。

第4章　援助要請の心理に対する介入方法

　援助方針としては「相談の必要性の検討」に働きかけることになります。具体的には援助要請意図を高めるような働きかけになりますので，第3節で紹介した内容が具体的な援助案を考える上で役立つでしょう。

計画行動理論に基づく介入：

　第3節で紹介した計画行動理論（Ajzen, 1991）に基づいて考えると，3つの方向性から援助方針を考えることができます。まず，援助要請態度の肯定化のために，援助案の1つはメンタルヘルスリテラシーの「背景因子や疾患の原因に関する知識と信念」の向上とスティグマの低減のための働きかけ（情報提供や心理教育）が実施できます。次に，周囲の対象者にとって重要な人から相談を勧めてもらうことも必要でしょう。さらに，対象者に援助要請行動が容易にできると思ってもらえるように働きかけることも可能です。そのためには，メンタルヘルスリテラシーの「情報の入手方法に関する知識」の情報提供を行い，相談したいときの具体的な方法を知らせることが役立つと思います。

援助行動を促す介入（援助者が援助要請行動を行う介入）：

　実証的な研究はまだ少ないですが，理論上考えられる援助案として，【タイプ3】の人自身に援助行動を行ってもらう方法が挙げられます。この方法はどちらかと言えば親（大人）よりも子どもに対して実施しやすいと思われます。

　高木（1997）は援助行動（人を助ける行動）が自身の援助要請態度に与える影響を理論化しています。簡単に図示すると図4-6のようになります。高木（1997）によれば，人が誰かを助けたとき，その人は自分のした行動が相手のためになったかどうかを判断します。援助が成功であったと判断すれば，援助した自分の自己評価が高まり，援助行動に対する態度が肯定的になり，動機づけが高まります（「困った人がいたら助けたい！」）。さらに，自分の援助要請態度も肯定的になり，援助要請の動機づけが高まるとされます。

　高木（1997）の理論から考えると，援助要請に否定的な人に対する援助案として対象者自身に援助者になってもらうことが役立つと言えます。「助けて」と言わない人に助ける役割をしてもらうことで，「人助けはいいものだ」，「助けてもらうのも悪くないかも」などと思うきっかけになるかもしれません。しかし，自発的に援助行動を行うのを待っていてもその機会が少ないこともあるので，援助者の方から「助けて」と言って対象者の援助行動を引き出す関わりが有効であると思います。

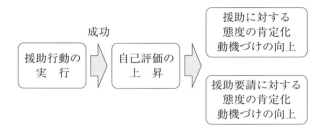

図 4-6　援助行動と援助要請の関連（高木（1997）を基に作成）

　この方法で重要な点は，図 4-6 に示すように対象者に「援助行動が成功した」と実感してもらうことです。そのためには 2 つの工夫が必要であると筆者は考えています。まず，対象者の得意なことをお願いすることであり，自助資源[16]に焦点を当てます。対象者の自助資源を見つけ出し，自助資源を発揮しやすくなるように働きかける工夫です。

　もう 1 つの工夫は，対象者に「援助行動が成功した」と実感できるような反応をこちらが示すことです。援助者が援助要請行動を行い，対象者の援助行動を引き出して終わるのではなく，その援助行動の結果として援助者が反応を見せる（感謝する，など）ところまでを 1 つの流れとして意識して関わることが重要です。このような関連は三項随伴性[17]と呼ばれます。

　ただし，過度に疲弊し無気力状態であるために【タイプ 3】の心理状態にある人に援助行動を促すことは適切とは言えないでしょう。対象者の援助要請の心理状態を把握した上で，その背景（無気力状態などの個人の要因と環境の要因）を考えて，援助案を決定することが必要です。

　さらに，「相談の必要性の検討」の段階で「つながる」ことが難しい場合には，1 つ前の「自己解決の可能性の判断」の段階に戻って援助方針と援助案を考えます。【タイプ 2】での援助方法を使いながら，ほんの少しでも自己解決

---

16) 自分の中にある良いところ（得意なこと，好きなことなど）であり，自分の中で問題解決に使える強い力を意味する（石隈，1999）。
17) ある行動に対して，行動の前にあるきっかけ（外から見える場合や衝動などの内的なものの場合がある）と行動の後にある結果（外側の環境変化や内的な変化）という 3 つの現象の関係性（鈴木・神村，2005）である。

できている部分を明確にすることで「この部分は自己解決できた」という実感を持ってもらい，自己解決が難しい部分を明確にしていきます。そして，「ここだけは助けてもらう必要がある」という判断につながることを期待します。そのような関わりで，「助けてもらうことは自分が無力で弱いからだ」という否定的な見方から「自分でできることはした上で，部分的に人に助けてもらうことは必要だ」という考え方ができるようになると，相談の必要性を認識しやすくなり，本人も納得の上で援助を受けることにつながる可能性があります。あるいは，自助資源に本人が気づくことで，自己解決するための対処方法を見つけて自分なりに取り組む意欲が増すかもしれません。そのような経過で問題状況が解消されれば，無理に相談してもらう必要もなくなるでしょう。

まとめると，筆者は，【タイプ3】の人に対する援助案として計画行動理論に基づいた3点からの介入と援助者の方が援助要請行動を行う方法を提案します。

(7)「『助けて』と言えない」人への援助方法（【タイプ4】【タイプ5】）

「『助けて』と言えない」人の特徴は，問題状況への自己解決が困難であると判断し援助要請意図が高いにもかかわらず，援助要請行動を行っていないことです。両タイプの違いとして身近な人に相談したいけれどできない人は【タイプ4】，専門家への相談をためらう人は【タイプ5】と分類されますが，いずれのタイプも援助要請態度が否定的であると考えられ，本人に相談の意図が強いのにためらっている状態なので，そのような本人の葛藤を和らげるために基本的には援助が必要であると考えられます。

援助方針としては，「身近な人への相談の意思決定」や「専門家への相談の意思決定」に戻って働きかけることです。援助要請意図はある程度高いことを話し合いで明確にし，共感しながら行動を阻んでいると考えられる援助要請態度に働きかけることが援助方針となります。【タイプ4】の人に対しては身近な人と「つなげる」ための関わり，【タイプ5】の人に対しては専門家と「つなげる」ための関わりということです。

メンタルヘルスリテラシーへの介入：

援助案として，特に【タイプ5】の場合はメンタルヘルスリテラシーの「利用可能な専門的援助に関する知識と信念」や「援助・被援助に関する認識と態

度」に働きかける情報提供や心理教育を行い，スティグマの低減を図る必要があるでしょう。実際に，水野（2012, 2014）はスクールカウンセラーへの援助要請態度を肯定化するために，学級集団を対象にメンタルヘルスリテラシーなどへの介入を行い一定の効果を上げています。

接触仮説に基づく介入：

　第2章で紹介した接触仮説（Fischer & Farina, 1995）からは，専門家との接点を増やすことで援助要請をしやすくなることが考えられます。実際にスクールカウンセラーとの接触経験のある生徒の方が援助要請の期待感が高いようです（水野，2007；水野ほか，2009）。そこで，【タイプ5】の人と関わる際には，専門家が直接対象者と会う機会を設けることが良いでしょう。例えば，水野（2012, 2014）のように学級集団を対象にスクールカウンセラーが授業を行う方法や，中岡ほか（2012）のように学生相談のカウンセラーのビデオ映像を用いる方法などが考えられます。

「相談できる力」を引き出すカウンセリング：

　その他の援助案として，ここでは対象者との個別の話し合いやカウンセリングで実践できる方法を紹介します。援助要請態度は大きくは期待感と抵抗感から構成されるため，具体的な援助案もこれらの2つの方向から考えることができます。まず1つは，援助要請の期待感を高めるために，援助要請に関する自助資源と援助資源[18]に焦点を当てたカウンセリングの方法です。援助要請に関する自助資源と援助資源は「相談できること」です。つまり，誰かに相談できたこと自体がその人の良いところであり，相談できる人がいるという援助資源を有しているということです。「相談できる力」を引き出す関わりは援助要請態度を変えることに役立つと思います。

　このような関わりは半田（2004, 2009）によって「整理するはたらきかけ」として紹介されています。これは個別面接の中で生徒の話を一通りていねいに聞いた後で，その内容を他者に相談したことがあるか，何と言われたりアドバイスをもらったりしたか，それについて本人はどう感じ考えているか，という3つの側面から整理し，複数の人に相談している場合には1人ずつについて聞く方法です。多くの人の働きかけを受けても整理されていなかった部分を取り

---

[18] 問題解決に援助的な機能をもつ人的資源や物的資源のことであり，自助資源が個人にあるのに対し，援助資源は環境にある（石隈，1999）。

第 4 章　援助要請の心理に対する介入方法

上げて，面接で整理していく関わりです（半田，2004, 2009）。この関わりを通して相談して得られた良い結果が多く見つかれば，援助要請態度の期待感の側面が高まるでしょう。また特定の問題状況について自分から誰かに相談できたことと，相談はしていないが援助されたことをこのように整理していく中で，自分の「相談できる力」も発見できる可能性があります。これは行動計画理論で言えば「知覚された行動統制感」（その行動を容易にできるか）と関わる部分と考えられ，援助要請意図をさらに高めることで援助要請行動が促進される可能性があります。

援助要請の抵抗感に配慮したカウンセリング：

　もう1つの援助案は，援助要請態度の抵抗感に配慮したカウンセリングです。対象者から抵抗感として語られる内容を十分に聴き，そのような心配が現実に起こる可能性を減らすために，どのような援助の求め方をすればよいかを一緒に考えます。例えば，中学生が学級内での人間関係で悩んでいることを担任に相談すると「大ごとにされる」と心配している，ということをスクールカウンセラーが聞いた場合，相談の仕方として「すぐに何かしてほしいわけではない」と生徒本人から担任に伝えるように提案することができます。また，守秘義務に配慮しながらスクールカウンセラーが担任に直接そのように伝えることも提案できます。さらに，スクールカウンセラーへの相談をためらう心理に配慮する上では，生徒向けのスクールカウンセラー便りに「相談された秘密は守ること」などを明記することもよく行われます。このように，抵抗感の理解に基づいた具体的な援助要請スキルの提案や環境調整，情報提供を行うことで，援助要請行動が行いやすくなるでしょう。

　ところで，筆者がスクールカウンセラーとして【タイプ4】の人を支援する中で，非常に深刻な心理的危機状態にある子どもと出会うことがあります。例えば「いじめられている」，「死にたい」と訴える子どもが友人や家族，教師に相談できずにスクールカウンセラーに相談に来る場合などです。そのようなとき，子どもは往々にして「誰にも言わないでほしい」と言いますが，問題状況によってはそうはできない事態もあります。そこで，この「誰にも言わないでほしい」という言葉の背景を援助要請の心理の点から理解して関わる方法を紹介します。

守秘義務：

　基本的にスクールカウンセラーには守秘義務があり，子どもから聞いた情報をすべて学校や親に伝えることはありません。守秘義務があることによって子どもは安心してカウンセリングを受けることができます。実際に，金沢（2006）は守秘義務のことを「強い信頼に基づく秘密保持」と表現しています。これは親や教師がスクールカウンセラーに相談する場合でも同様であり，一定の情報が守秘義務によって守られます。一方で，スクールカウンセラーには守秘義務と同時に報告義務もありますので，現実には守秘義務と報告義務のバランスの取り方を考えていく必要があります。石隈（2008）はスクールカウンセラーの守秘義務と報告義務のバランスについて1つの考え方を述べており，それらをまとめると図4-7のようになります。また，それらと関連して情報共有の範囲のレベルを図4-8のように考えています。

　さらに，長谷川（2003）は集団守秘義務という考え方で守秘義務と報告義務のバランスについて提案しています。これは，援助に関わる個人ごとではなく，複数の援助者同士で一体となって守秘義務を負うという考え方です。守秘義務を尊重することで子どもや親との信頼関係を深めつつ，報告義務を果たすことで教師とスクールカウンセラーが情報を共有し，子どもや親へのより良い

生徒との面接

守秘義務	報告義務
・内面的な悩みの詳細内容によって限られたメンバー間の共有にとどめるが，できる限り当該生徒の許可を得る	・当該生徒と面接していること ・面接での目標 ・援助者のチームでの援助方針における当該面接の位置づけ

守秘義務を超える場合（できる限り承諾を得る）

| 自傷他害の恐れ | 虐待の疑い | 直接関わる専門家間 |

図4-7　学校における守秘義務と報告義務のバランス（石隈（2008）を基に作成）

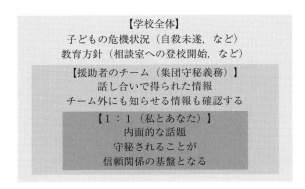

図 4-8　学校における情報共有のレベル（石隈（2008）を基に作成）

援助を生み出していくことが促進されます。あくまで筆者の感覚ですが，守秘義務によって「相談者が守られている」という地平に立ったところから，「誰に何をどこまで報告し共有するか」という方向に向けて立ち位置を探っていくことでバランスを取っています。

　とはいえ，心理的危機状態にある子どものカウンセリングでは守秘義務を超える事例，または超えるかどうか判断に迷う事例に遭遇しやすく，子ども本人が「親や先生には絶対言わないで」と言ってもそのまますぐに認めるわけにはいかないことがあります。スクールカウンセラーの活動で守秘義務を超える場合とは，例えば相談者（子どもや親）が自分自身を傷つけたり他者に危険を与えたりしそうな場合，虐待が疑われる場合，子どもの援助に直接関わっている専門家同士（教師，養護教諭，スクールカウンセラー，など）で話し合う場合，などがあり，倫理上できるだけ相談者の承諾が得られるようにしながら情報を共有していくことが求められます（石隈，2008；金沢，1998）。

　海保・田村（2012）が指摘するように，子どもとのカウンセリングでは最初は「絶対に言わないで」と言っていても，じっくりと話を聴いていくうちに最後には「担任の先生になら言ってもいい」などと気持ちが変わってくることもあります。この「親や先生に絶対言わないで」と言う子どもに援助者同士の情報共有の承諾を得るスクールカウンセラーの努力の過程においては，子どもの援助要請態度に配慮しながら関わっていくことが役に立つと，筆者は考えています。

TALK の原則：

守秘義務を超える場合の関わり方として，「死にたい」と訴える子どもの話の聴き方に TALK の原則があります（文部科学省，2009）。TALK とは表 4-7 に示す用語の頭文字をとった表現です。

表 4-7　TALK の原則（文部科学省（2009）を基に作成）

	構成要素	内容
1	Tell（伝える）	言葉で心配していることを伝える
2	Ask（尋ねる）	「死にたい」という気持ちについて率直に尋ねる
3	Listen（聴く）	絶望的な気持ちを傾聴する（考えや行動の良し悪しの判断ではなく，そうならざるを得なかった状況を理解しようとする）
4	Keep safe（安全確保）	安全を確保する（危険と判断したら 1 人にせず，他者からも適切な援助を求める）

文部科学省（2009）では死にたいことを「秘密にしてほしい」と言う子どもとの関わりについて，子どもが恐れているのは自分の秘密を知られることではなく，それを知った際の周りの反応（大人が過剰に反応する，無視する，など）であることを指摘しています。そのため，子どものいるところで親に向かって過剰な反応を見せたり無視する態度を取ったりせずに子どもの理解に努めてほしい旨を伝えることと，守秘義務の原則に立ちながら情報共有のための学校内の連携を確保することの重要性を上げています。

海保・田村（2012）は，TALK の原則を用いながら「死にたい」と訴える子どもと関わる教師の会話例を挙げています。そのやり取りで，教師は「誰にも言わないでほしい」と言う子どもの言葉を真摯に受け止めながら，教師としてほっておけない気持ちを正直に伝え，「もし，お母さんに知られたらどんなふうになると思っているの？」と問いかけています。この問いかけは援助要請態度を探る質問です。その子どもの反応を受けてどのような言い方なら教師から母親に話してよいかを話し合います。このように，子どもと一緒に吟味していく姿勢が大切であると感じます。

以上のような「身近な人への相談の意思決定」，「専門家への相談の意思決

定」への働きかけで「つながり」が作れない場合は、1つ前の「相談の意思決定」に戻って話し合います。「誰かに相談したい。でも、相談できる人がいない」という苦しい状況への共感的理解をし続けながら、【タイプ3】で示した方法などから援助案を考えていきます。それでも難しければさらに前の「自己解決の可能性の判断」に戻り、自助資源を探しながら自己解決できる部分を明確にしたり増やしたりすることも、対象者と「つながる」ための1つの方法となります。その中で自己解決できていけば相談の必要はなくなりますが、それでも難しい場合もあるでしょう。このように考えると、周囲の人が「自分はこの人にとって信頼できる相談者となっているか」と日頃の人間関係を振り返ることが何よりも重要であると考えられます。

4ステップの支援方法は全く新しい技法や発想ということではなく、これまで行われてきたさまざまな関わり方を援助要請の理論を軸に整理したものであると言えます。反対に言えば、援助要請の理論を中心に据えることで、援助が必要であるのに援助要請しない人に対する関わり方やカウンセリングの方向性と方法が体系的に整理できると筆者は考えます。

また、これら以外にもそれぞれのタイプで援助が必要な場合があるかと思いますが、一例として紹介しました。第5章、第6章ではこの援助要請経路の理論に基づく具体的な実践例を紹介します。

第6節　援助要請への介入における留意点

本節では、援助要請の介入における留意点について述べたいと思います。介入が必要なのに介入しないことや、介入の必要がないのに介入してしまうことを避けるために、以下の点が重要となります。

(1) 介入実施者自身のアセスメント[19]能力

介入実施者には「この人には援助要請への介入が必要である（過剰または過少である、機能的でない）」という判断の適切性が必要です。これは第5節の表4-4に示した内容と重なります。

例えば親子関係において、子どもには援助が必要ではなく自分の力で十分に

解決する能力があるのに，親が過剰に心配して「もっと相談してほしい」と願って関わることは子どもにとって望ましくない可能性が高く，子どもの抵抗や反発（「うるさい！」，「心配しすぎ，ほっといてよ！」など）を招くことでしょう。また，教師と子どもの関係において，普段は自分で考えて行動できる子どもが自己解決できないと思って教師に相談したときに，教師が過剰な援助要請であると判断し「いつものように，もっと自分で頑張ってみなさい」などと応えてしまっては，子どもの問題状況を大きくしてしまいかねません。このような状況を避けるためには，援助要請の心理に関わる上で対象者の状態を適切に判断することが重要です。そのためには，親や教師であれば日頃から子どもの様子をよく観察することが必要ですし，筆者は，子ども集団に援助要請への介入を行う際には，子どもたちの実態について教師によく聞くことにしています。

(2) 介入実施者の感情

アセスメント能力と関連して，介入実施者自身の感情を認識することが重要です。「助けて」と言えない人の中にさまざまな感情が渦巻いているのと同様に，「助けて」と言えない人の周りにいて，「周りの私たちはこんなに困っているのに，どうしてこの人には問題意識がないんだ」，「どうして自分から相談してくれないんだ」と思う人々の中にもさまざまな感情があります。小宮（2007）は自身のカウンセリングの経験に基づいて，「あの人がカウンセリングを拒むせいで自分が被害を受けている（不幸になっている，など）」と感じている自分自身を見つめることの重要性を指摘しています。この指摘から考えると，「あの人が相談してくれない，もっと相談してくれればいいのに」と思い怒りやもどかしさを感じるときには，「あの人が相談してくれないことで，何で私はこんなに怒りやもどかしさを感じるのだろう」と自分の感情を見つめ直すことが重要です。もしかしたら，その怒りやもどかしさの背後に，「私はあの人に好かれたいのに，あの人は私を信用していないんだ」という悲しみなどが潜

---

19) アセスメントにはさまざまな定義があるが，例えば下山（2003）は「臨床心理学的援助を必要とする事例（個人または事態）について，その人格や状況および規定因に関する情報を系統的に収集，分析し，その結果を総合して事例への介入方針を決定するための作業仮説を生成する過程」としている。

んでいるかもしれません。本当に相手の幸福を願うのであれば，怒りやもどかしさの促すままにむやみに相談を促したり相談しない相手を責めたりしてしまうよりも，多少のつらさを伴っても自分の悲しみと向き合い，信用・信頼し合える関係づくりの努力をしていく方が建設的な場合もあるでしょう。

この援助者自身の感情の問題はカウンセラーにとっても難しい問題となるでしょう。援助要請の必要性に限らず，介入や援助の必要性を見極める能力はカウンセラーにとっても重要な能力です。

第7節　本章のまとめ

本章では，援助要請の心理への介入を行う方法を理論に基づいて解説してきました。第5章以降では，本章で解説したさまざまな方法を用いた実践や事例などを紹介します。

(1) 援助要請への介入における対象と主な方法

本章では，援助要請の態度，意図・意志，行動に対する介入の目標と方法について見てきました。そして，援助要請態度に対してはメンタルヘルスリテラシーの向上やスティグマの低減が有効であること，援助要請意図・意志に対しては計画行動理論に基づいた3点からの介入が有効であること，援助要請行動に対しては態度や意図・意志への介入が影響すること，を中心に紹介してきました。これらは表4-8のように整理されます。

(2) 援助要請への介入の効果に関する留意点

本章ではさまざまな援助要請への介入の方法を紹介しましたが，これらの介入方法のすべてに十分な効果が確認されているわけではありません。

例えば，理論上は援助要請態度が援助要請意図・意志に影響し，意図・意志が高まることで援助要請行動を行うと考えられますが，思春期の子どもを対象とした介入研究では援助要請態度[20]に変化が見られなかったにもかかわらず援助要請意図は向上していました（Deane et al., 2007）。このような変化の仕方

---

20) Deane et al.（2007）の原文では「治療への関与に対するバリア」と命名し，ケアの専門家に対する被援助バリアを測定している。

第 7 節　本章のまとめ

表 4-8　援助要請への介入における介入対象と主な介入方法

介入対象		主な介入方法
被援助志向性	援助要請態度	メンタルヘルスリテラシーの向上
		スティグマの低減
	援助要請意図・意志	計画行動理論に基づく介入 　援助要請態度の肯定化 　周囲の他者からの積極的な勧め 　行動できるという感覚の増強
援助要請行動		【量を増やす介入】 援助要請態度の肯定化 援助要請意図・意志の増進 【質を高める介入】 援助要請スキルの向上 周囲のサポート環境の構築

は理論上の想定と異なっており，理論が適切（妥当）であるか，また介入方法が適切（妥当）であるか，などの点から検証が必要です。

さらに，理論上想定される援助要請への効果が実際にはどの程度あるのかを注意深く検証する必要があります。14〜18歳の子どもを対象としたメンタルヘルスリテラシーやスティグマの低減に焦点を当てた介入では，心の病に関する知識の増加とスティグマの低減にはある程度の効果が見られたものの，家族と学校への援助要請意図には向上は見られず，専門家と友人への援助要請意図は高まったものの小さな効果にとどまっていたことが報告されています（Rickwood, Cavanagh, Curtis, & Sakrouge, 2004）。

また，抑うつ，不安，心理的苦痛に関する専門家への援助要請に介入を行った研究で，厳密な研究方法によって効果（介入の実施と介入後の変化の間の因果関係）を検証した6つの研究を整理・統合した結果[21]からは，援助要請態度はメンタルヘルスリテラシーなどへの介入によってある程度変容する[22]こと，その態度の変容は4週間後の時点においても少し見られることが明らかになっています[23]。しかし，メンタルヘルスリテラシーへの介入では援助要請行動の

---

[21] Gulliver et al.（2012）の研究では，ランダム化比較試験（randomized controlled trial: RCT）を行った研究のメタ分析を行っている。
[22] Gulliver et al.（2012）のメタ分析では，援助要請態度への効果サイズは Choen's $d =$ .12〜.53 であった。
[23] Gulliver et al.（2012）のメタ分析では，効果サイズは Choen's $d = .26$ であった。

変容は確認されず，援助要請態度の変容は必ずしも援助要請行動の促進にはつながらないことも示されました（Gulliver, Griffiths, Christensen, & Brewer, 2012）。6つの研究の中には必ずしも援助要請への介入を第1の目標としていない研究も含まれているため，今後は援助要請への介入に焦点を当てた研究の成果を整理・統合し，効果的な介入方法を明らかにすることが望まれます。

　以上のように，援助要請態度を肯定的にするためにはメンタルヘルスリテラシーへの介入がある程度有効ですが，援助要請行動を促進するために有効な介入方法はいまだ明らかにされていません。そして，本書で提案している援助要請経路に基づいた心理理解と援助の方法である4ステップの支援方法についても，研究データを通して妥当性や有効性が確認されたものではなく，筆者が実践を通して援助要請の心理の理論と実践を結びつけた1つの方法にすぎません。

　このように，本章で紹介した介入方法はすべてに十分な効果が保証されているわけではなく，これまでの基礎研究の成果を中心に理論上考えられる方法を紹介したところです。第5章以降で紹介する筆者の実践も十分な効果を厳密な研究によって確認したものではありませんが，日々の実践の中で取り組んだ新たな試みとして紹介します。

第 5 章 「助けて」と言わない（言えない）子どもへの援助

第 1 節 本章の実践（直接的援助）の理論上の位置づけ

　本章では，援助要請の心理に関わる筆者による実践を紹介します。本章で紹介する実践は筆者自身のスクールカウンセラーなどの活動で行っているものであり，子ども（中学生や高校生）を主な対象としています。しかし，実践に含まれる考え方や実践の方法には，小学生や親を対象に実施することが可能なも

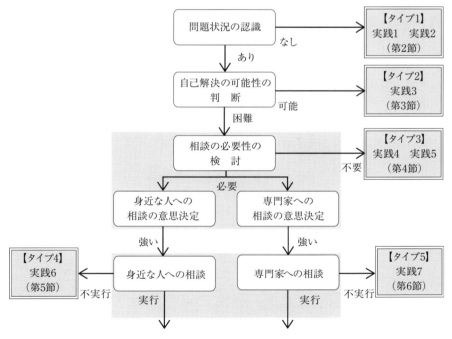

図 5-1　第 5 章の実践の理論上の位置づけ

のもあると思います。

　第4章で紹介したように，援助要請に対する介入では援助要請経路に基づいて心理理解をしながら，援助要請の態度，意図・意志，行動などに関わっていきます。本章で紹介する実践を援助要請経路と対応させて図5-1に示します。また，各実践の特徴を表5-1に示します。

　第4章で紹介した4ステップの支援方法は，援助要請経路を横に進んで援助の必要がない状態になることや下に進んで援助要請しやすくすることをめざします。本章で紹介する実践は，主に4ステップの支援方法の第1ステップから第3ステップまでの働きかけを行った実践です。本章を通して，援助要請の心理学に関する理論と実践の結びつき，1つひとつの実践の雰囲気を感じていただければと思います。

　なお，援助要請研究の目標には，最適な援助要請行動と機能的な援助要請行動があります。本章では，主に「助けて」と言わない（言えない）子どもを対象に，援助要請経路に基づいた心理理解と最適な援助要請行動をめざす実践事例を紹介します。

(1) **本章の実践事例の特徴**

　本章で紹介する実践と事例はすべて実際にあった個人の記録ではなく，個人や実践した学校などが特定されないように，そして援助要請の心理理解に基づく援助の要点がより伝わりやすくなるように，複数の事例をまとめるなどした上で，さらに改変を加え，架空の事例として示しています。

表5-1　第5章の各実践の特徴

実践	心理状態	目的	対象	場所	主な理論的背景
1	【タイプ1】	予防的	集団	教室（授業など）	いじめの認識
2	【タイプ1】	予防的	集団	相談室	感情コンピテンス
3	【タイプ2】	問題解決的	個別	相談室	問題解決スキル
4	【タイプ3】	問題解決的	小集団	相談室	計画行動理論
5	【タイプ3】	問題解決的	個別	相談室	援助行動　自助資源
6	【タイプ4】	問題解決的	個別	相談室	守秘義務
7	【タイプ5】	専門家養成	大学院生	大学院授業	構造

第2節　問題状況の適切な認識を促す実践（【タイプ1】）

　問題状況を適切に認識するために，子どもたちには自分の身の周りで起こったことに対して「これは大切なことだ」，「これはよくないのではないか」と判断できる力，言うなれば社会や学校における適切な善悪の判断ができるようになってもらいたいと願う大人は多いでしょう。本節では，【タイプ1】の心理状態に対する集団を対象とした実践を紹介します。

(1)　実践1：「いじめ？　ふざけ？」
実践の理論的背景と目的：
　実践1は，スクールカウンセラーや子ども集団を対象としたコミュニケーション活動の講師の立場で行った，学校におけるいじめの予防，未然防止を念頭に置いた実践（いじめに対する援助要請への介入）です。子どもが同じ状況を見てもいじめなのかどうか判断が分かれることが明らかになっています（三藤・笠井・濱口・中澤，1999；Newman & Murray, 2005）。実際に学校で起こっている生徒同士のやり取りを見ると，ふざけているだけなのか，けんかをしているのか，いじめと判断した方が良いのか，迷うことがあるでしょう。この迷いは子どもにとっても同様です。特に子どもが思春期になると次第に大人には見えづらい形でいじめが発生するため，いじめかどうかの判断が迫られる機会は教師よりも子どもの方が多いかもしれません。

　そして，いじめかもしれない状況を周りで見ている生徒の間で判断が分かれると，「私が心配しすぎているだけでいじめではないだろう」と問題状況を過小評価して自分の不安な感情と直面しないようにしたり，「いじめじゃないのにいじめだと言ったら，今度は自分がねらわれるのではないか」と不安になって見て見ぬふりをしたりする可能性があります。そうなると，親や教師など大人に相談しようとは思いにくくなるでしょう。

　本節で紹介する実践は，このようないじめの認識が人によって違うことを学級，学年などの集団全体で確認し，人によって違うことが当たり前であること，自分の不安や心配を無理に押し込めて周りの人に合わせすぎる必要はないこと，などを共有します。この実践により，自分の周りがいじめかもしれないことを見たときに大人に相談しようと思いやすくなることが期待されます。

援助要請の心理からの実践の理解：
　ここで紹介する実践は【タイプ1】の心理状態にある子どもに個別に働きかけるのではなく，集団全体を対象として，いじめかもしれない状況に遭ったときに援助要請しやすくなることをめざした実践です。そのため，【タイプ1】の心理状態になりにくくなることをめざした予防的介入ということになります。

実践の経過と考察：
　実際の活動の準備として，図5-2，図5-3のような資料を作成します。図5-2の場面を引用した濱口・笠井・川端・木村・中澤・三浦（1996）によれば，主人公にも非があると認識されやすい描写があることが特徴です。また，図5-3は笠井・濱口・中澤・三浦（1998）から引用し，「やりかえしている」という描写があるのが特徴です。これらの描写があることによって，子どもたちの間でいじめかどうか判断が分かれやすくなっていると思われます。

　これらのシートを子ども4名程度の小グループに1枚ずつ配り，全員で見てもらいながら筆者が場面を読み上げます。そして，図5-2では「ふざけ」，「けんか」，「（A君のためを思って）きびしく（している）」，「いじめ」から1つを，一斉に指さしてもらうことを伝え，「ではいきます。せーの，」と呼びかけて指さしてもらいます。指さしをする際に，「私だけ違っていたらどうしよう」などと不安になる子どももいると思われます。そのため，あらかじめ子どもの年齢に応じて，「正解としては，いじめられている人がいじめだと思えばそれはいじめんなんだ，ということは学校の先生から聞いていると思います。でも，いじめられている人が自分から『助けて』と言えないこともあります。そのため，周りで見ているみなさんが『あれはふざけているだけだよ』とか，『それはちょっとやりすぎじゃないの』とか，判断する力が大切になってきます。今，ここで考えたいのは，みなさんが周りで見ていてどう思うか，ということです。正解や間違いはないので，思ったとおりに指さししてください。」などと説明を加えます。

　子どもの反応としては，グループによって全員が同じものを指さして歓声や納得するような声（「あー」）が上がったり，反対に指さしたものが違って驚きの声（「えーっ」）が上がったりします。そして，こちらから何も言わなくても子ども同士で場面について話し合いを始めることもあります。そのような場合

第 2 節　問題状況の適切な認識を促す実践（【タイプ 1】）

いじめ？　違う？　場面①

　Aさんは少し自分勝手なところがあります。人が使っている道具を横取りしたり，そうじ当番をさぼったりしています。先生がときどき注意しますが，自分勝手は直りません。
　やがて，学級のみんなはAさんに話しかけなくなりました。もう，遊びにもさそいません。Aさんが話しかけても，みんなはわざと知らん顔をします。

| ふざけ | けんか | きびしく | いじめ |

図 5-2　いじめの認識を尋ねる場面シート①（濱口ほか（1996）を基に作成）

いじめ？　違う？　場面②

　Bさんは勉強がよくできます。まじめで，人が悪いことをすると「よくないからやめよう」とズバズバ注意します。けれども，Bさんは太っているので，学級の一部のグループから「デブ」と言ってからかわれます。Bさんも，仕返しに，そのグループには勉強ができないことやきまりを守らないことで，特にズバズバ言い返します。

| ふざけ | けんか | いじめ |

図 5-3　いじめの認識を尋ねる場面シート②（笠井ほか（1998）を基に作成）

は子ども同士の主体的な活動を尊重し，しばらく様子を見てから次の図 5-3 の場面に移ります。実施方法は同様です。

　この実践自体は説明を含めても 10 分ほどで終わりますが，ていねいに子どもの意見を聞いていくことで 1 つの授業として進めることもできます。筆者の場合は 10 分程度この活動をして，「いじめられている人が『助けて』と言うまで待っているのではなく，周りで見ている人の方から声を上げてほしい，あなたの親や先生は，あなたのことも守りながら，よく話を聴いてくれると思います。」と伝えます。

　次の活動として，いじめとして行われる行動（悪口，仲間外れ，暴力など）

と両立しない（同時に行うことが難しい）行動として，「心があたたかくなる言葉かけ[1]」というソーシャルスキル（金山，2006）の練習をします。このスキルを4名程度でチームを組み，協力して1つの課題を達成するようなゲームをしながら練習します。ゲームの中でチーム間の対抗意識が出てきて気持ちが高ぶったときでも，チームのためにうまく頑張った人をほめ，失敗した人を励まし，応援し合う言葉かけができるように促します。実際には活動が楽しく熱中しすぎるあまり，活動しながらスキルを使うことは小学生，中学生に限らず高校生でも難しいようですが，そのような意識づけをすること自体も大切と思って実践しています。

(2) 実践2：「今日の気持ちは？」
実践の理論的背景と目的：
　実践2は，筆者が学校内の心理職（スクールカウンセラーや学校の相談員）として勤務する中で，いくつかの中学校で実践したものです。
　理論的背景は感情コンピテンスと接触仮説（Fischer & Farina, 1995）です。子ども集団に緩やかに感情表現を促すことで，自分と他者の感情への気づきを促し，問題状況の認識を高め，必要に応じて相談のきっかけにすることを目的とします。さらに，この実践をスクールカウンセラーが行うことで接触仮説（Fischer & Farina, 1995）の効果を期待します。
援助要請の心理からの実践の理解：
　ここで紹介する実践は【タイプ1】の心理状態にある子どもに個別に面接を行ったものではなく，日常的な関わりで子どもたちの感情表現を緩やかに促し，感情コンピテンスに働きかけることで，今後何らかの問題状況に遭ったときに自分自身の不快感情を適切に認識できるようになることをめざしています。そのため，将来的に【タイプ1】になりにくくなることをめざした予防的介入ということです。
実践の経過[2]：
　実践の場面は中学校における自由来室活動[3]です。実践の準備として，相談室の壁に「今日の気持ちは？」と題した掲示物を貼り（図5-4[4]），来室した生

---

[1] 心があたたかくなる言葉かけとは良好な人間関係を維持するためのスキルであり，励ます，慰める，心配する，感謝する，などの言葉かけのことである（金山，2006）。

徒にその日の気持ちにぴったりくる部分にシールを貼ってもらうというものです。気持ちは大きく3種類で，怒り（イライラ・ムカつく・怒っている），悲しみ（悲しい・泣きたい・切ない），喜び（ヤッター・ラッキー・嬉しい・幸せ）を用意していますが，これらにこだわる必要はありません。しかし，怒りや悲しみなどの不快な感情を含めることで生徒の不快感情を表現する機会を提供し，ていねいに関わるきっかけが作れると思います。

図5-4　感情の認識を尋ねる掲示物

シールは小さくて丸い形のシールなど，比較的安価なものを使用していますが，赤，青，黄，などさまざまな色を用意しておきます。掲示は相談室内の入り口付近で，すぐに見やすい場所に貼っておくことが多いです。昼休みなどに生徒が来室してすぐに気づいて貼ったり，あるいは通り過ぎる生徒に「よかったらシールを貼ってみて」と声をかけたりしやすいためです。

　生徒の反応は実にさまざまです。大きな変化としては，掲示物を貼った当初

2）筆者と半田一郎先生（茨城県公立学校スクールカウンセラー）との話し合いがきっかけとなり，本実践を開始した。
3）スクールカウンセラーが昼休みに相談室を開放し，子どもが自由に出入りして遊んだり話したりして過ごす中で子どもたちを援助する活動であり，相談室という援助の場を学校という日常の場と連続した場として構成し援助を提供する活動である（半田，2009）。
4）イラストは松村恵美氏（研究室卒業生）が作成した。

は筆者から簡単に説明してシールを貼ってもらうように頼んでいましたが，次第に定着すると，来談すると最初にシールを貼ってからそれぞれの活動に移る様子が見られます。生徒個々の反応として，自分から掲示物に気づいてすぐにシールを貼る生徒もいれば，じっくりと自分のことを振り返ってから選ぶ生徒もいます。また，毎週のように相談室に来てくれる生徒はシールを貼ること自体を楽しんでいるように見えます。相談室に来室した生徒の分だけシールが増えていくので，どの感情が多いかを眺めている生徒もいます。

生徒個々の反応のほかに，シールを貼りながらさまざまな交流が生まれます。例えば，シールを貼る際に一緒に来室した生徒同士で「○○はどれ？」などと話しながら貼る生徒たちもいます。このことは生徒同士が感情について簡単に共有し合うことと言えます。また，男子生徒がシールを貼ったときに「今日ムカつくことあったんだよ」と授業中にあった出来事を話し始め，他のクラスの友人 2, 3 名と筆者で愚痴を聞きつつ，不快感情に共感しながら話を聴くきっかけとなったこともあります。このような形で関わりを持てると，友人たちも「今日は○○が何か荒れているな」と思うだけでなく，荒れている理由を知るきっかけにもなるでしょう。

反対に，1 人で来る生徒や初めて相談室に来て所在なさそうにしている生徒には，スクールカウンセラーから「みんなにシールを貼ってもらっているんだけど，よかったらどう？」などと声をかけて貼ってもらいます。スクールカウンセラーとの会話経験があると困ったときの「相談したい」という意図につながると考えられるため（水野，2007；水野，ほか，2009），「相談室に行ったけど何もすることがなかった，つまらなかった」などと生徒に思われるよりも，このような形で少しでもスクールカウンセラーと関わりを持てた方が今後の相談しやすさにつながると考えています。

数ヶ月して活動が定着してきたところで，自分が貼ったシールにマジックペンで表情を描くことを促していきます。同じ怒りや悲しみでも人によって違いますし，同じ人でも状況によって違ってきます。そのような違いが現れることを期待しています。このような変化をつけると筆者の生徒との関わり方も変わってきます。ある学校では次のようなやり取りもありました。女子生徒をA子，B子，スクールカウンセラーをSCとします。

第2節　問題状況の適切な認識を促す実践（【タイプ１】）

> A子：「どの気持ちもない。普通だよ。普通はないの？」
> B子：「指をぶつけて怪我したから，痛いんだよ。」
> A子：「痛いはないよー。」
> SC：「近いのは悲しいじゃない？　悲しいに貼って，痛い顔を描いてみたら？（マジックペンを差し出す）」
> A子：（腑に落ちたのか，「悲しい」にシールを貼って顔を描く）

　この様子からは，A子が不快感情を少し認識できた可能性がうかがわれます。
　また，この実践をすると同じ感情に一度にシールを何枚も貼る生徒も見かけます。シールをたくさん貼るということはそれだけ強い気持ちなのかとも思いますが，シールがなくなると困るという現実的な問題もあります。

> C子：「あ，今日もシール貼ろう！　ヤッター！！」（シールを3，4枚と貼っていく）
> D子：「C子，貼りすぎー（笑い），私も！！」（シールを3，4枚と貼っていく）
> SC：「すっごく嬉しいんだね。その嬉しさを顔で描いてみて」（マジックペンをC子とD子に差し出す）
> C子，D子：（1枚目に貼ったシールにはみ出すくらいの表情を描き，遊びにいく）

　C子，D子は毎週相談室にやって来て，たまにシールを2枚ほど貼る日もありましたが，大抵は1枚だけ貼ってすごく元気な表情を描いて終わります。感情表現に慣れていないような生徒（感情表現できない生徒や，反対に場所を選ばず過度に表現してしまう生徒）には，このように少し筆者の方から関わっていくことで，本当にささやかなこととはいえ，適切な形で感情表現することを手伝うことができるのではと思っています。
　シールを貼ってもらい，生徒同士やスクールカウンセラーを交えて感情について話し合った後で，特に必要のない生徒には「まあ，何かあったら，よかっ

たら教えてね」とだけ声をかけています。緊急に支援が必要な状況でなければ，あくまで生徒の主体性を尊重したいと考えているからです。

上述の相談室での実践の結果は，スクールカウンセラーが発行する生徒向け，または教師向けの便り（相談室通信）で紹介します。生徒向けの通信では毎月のシールの枚数を感情の種類ごとにグラフにして載せ，さらに感情に関する心理学の話題も掲載します。具体的なトピックとしては，不快な感情の重要性（堀越・野村，2012；大河原，2004，2006），感情のコントロール方法（相川・佐藤，2006；渡辺・小林，2009），などです。特に，不快な感情を感じることは自然なことであること，さらに，不快な感情を表現し誰かに受け止めてもらうことの重要性を強調します。

教師向けの通信では，スクールカウンセラーが昼休みに生徒と何をしているのかを知ってもらうことを目的として，この実践のねらいと生徒の様子，実践の成果の考察について簡単に掲載します。スクールカウンセラーが教師とより良い協働を行う上で，教師にスクールカウンセラーの活動を知ってもらうことは非常に重要です。このような通信を生徒と教師に配布することで，スクールカウンセラーがいないときでも生徒同士，生徒と教師で感情や相談室，スクールカウンセラーのことが話題になり，相談室に来たことのない生徒が立ち寄るきっかけになったり，困ったときにスクールカウンセラーに相談しようと思えるようになったりすることをささやかに期待しています。

実践の考察：

実践2を援助要請の点から考察すると，大きく3点が挙げられます。第1に感情コンピテンスの観点から，自分や他者の不快な感情に気づき，表明し，話し合うことで，自分自身の問題状況を認識する力を高めることが期待されます。第2に接触仮説（Fischer & Farina，1995）の観点から，シールを貼りながらスクールカウンセラーと直接会話することで，困ったときにスクールカウンセラーに相談しやすくなると思います。第3に援助要請に対する人間関係の要因の観点から，この実践を通してスクールカウンセラーと関わった生徒，またはスクールカウンセラーの発行する通信を読んだ教師が，困っていて相談をためらう生徒にスクールカウンセラーと相談するように勧めてくれる可能性があります。学級内の他者が相談することに肯定的であると個人の援助要請態度も肯定的になる（後藤・平石，2013）ため，本当に援助が必要であるのに「助

けて」と言えない生徒にスクールカウンセラーが直接関わる機会がなくても，周囲の人間関係に働きかけることは可能です。この実践はあまり準備が必要ではなく，またすぐに始めることができ，さらに生徒にも概ね好評な印象があります。相談のきっかけづくりとして非常に実施しやすいと思います。

第3節　自己解決の困難さへの適切な認識を促す実践（【タイプ2】）

　問題状況があると認識し自己解決できると思っていても，周囲の人から見ると対処の仕方が不十分・不適切である場合があります。このような【タイプ2】の心理状態の人に他者に相談する必要性を検討してもらうために，対処の不十分さや不適切さを自己理解してもらうのが役立つことがあります。

(1)　実践3：自分からは相談せずに問題状況が解消した事例
実践の理論的背景と目的：
　【タイプ2】の人と関わる際には，現在の本人なりの対処方法を振り返ってもらうために援助者が問題解決スキルを使って話し合うことが役立つと考えています。このような話し合いの機会は本人の援助要請意図とは関係なく設けられる場合が多いのです。筆者がスクールカウンセラーとして勤務しているときにも，子どもの援助要請意図は低く，教師に連れて来られる生徒がいます。
　問題解決スキルを用いた話し合いの際に重要なことは，たとえ援助者が「他の人に自分から相談する」という対処方法が良いと思っていてもそれを押しつけずに，解決方法を案出する中で提案するにとどめ，対象者自身がメリット−デメリットを考えながらさまざまな対処方法のアイディアから選択する余地を保障することです。話し合いの結果，自分でできる別の対処方法を実行して問題状況が解消されれば，それ以上相談する必要自体がなくなるということです。
実践の経過と考察[5]：

　　小学校6年生のE子とF子はクラスで他児よりも少し大人びており，

---
5) 本実践は本田（2012）に加筆したものである。

お互いに気が合うようで仲が良かったのです。しかし，ある日学校でF子のお気に入りだった鉛筆やメモ帳が立て続けになくなる事件がありました。それらはE子が日頃からほしがっていたものであり，F子がE子を疑ったことがきっかけでけんかになりました。

　後日，なくなったものが見つかりE子の疑いは晴れましたが，それ以来E子とF子は気まずくなり，F子は他の友人グループと遊ぶようになりました。しかし，E子はクラスの他の子どもが幼く見えて一緒に遊ぶ気になれず，1人で過ごしていました。担任からはE子の様子が寂しそうに見えたため，相談に乗ろうと声かけをしましたが，E子は相談しようとしません。気になった担任が相談員として勤務していた筆者にE子，およびE子の母親と面接するように依頼しました。

　E子の母親との面接では，E子がF子と疎遠になってからは母親にも相談しないためにE子の考えが分からないこと，しかし母親がE子が嫌だった話を蒸し返すのもためらわれるため詳しく聞けないこと，などが語られました。後日，E子と相談員（筆者）との面接が担任によって設定されました。相談員（筆者）とE子は面識がありませんでした。

援助要請の心理からの事例の理解：
　本事例ではE子の援助要請意図はさておき，教師が相談員に相談するように促し，E子が連れて来られました。このような形で相談につながる場合，筆者は子どもが相談にきた経緯などの文脈から話題にしていきます。

　本事例の場合，E子は自身の問題状況を「前（の学校生活）の方が楽しかった。今は休み時間も退屈」と認識しているようでしたが，そのことを教師や親，さらには相談員にも相談したいとは思っておらず，「今の感じ（F子は他児と楽しそうにしており，E子は1人で過ごしていること）でいいです」，「今日は担任に行くように言われたから来ただけです」という姿勢でした。これが本心なのか本当は別の理由があって相談しないのかは，面接の最初の時点では判断できなかったが，初めて会ったE子との関係づくりのためにE子の話すことを尊重し，【タイプ2】の心理状態への関わりを意識しました。話し合いでE子は「落ち込むこともある。今よりもっと良くなるなら，何とかできるなら，その方がいい」と思い始め，より積極的に話し合いに参加するようにな

りました。

問題解決スキルを用いた話し合い：

　E子の対処法（クラスで1人で過ごすこと）について話し合い，E子が今よりも学校生活が楽しく送れるような対処法が他にもないかを話し合います。そのために，子ども自身の感情や思いに共感を示しながら問題解決スキルを用いた話し合いを行います。この場面ではE子が問題解決スキルを修得することを目標にしているのではなく，現在のE子が行っている対処方法の有効性を検討することが目的であるため，表4-6に示した問題解決スキルのステップを少し簡略化して用いました。

　まず，「何があったの？」と現在の問題状況のきっかけとなったけんかの様子から聞いていきます。子ども自身の感情と認知（思い）と行動，そして相手の感情や意図（の想像）と行動，を分けて聞くことが冷静に考えていく上で大切です。例えば，「E子さんは親友に疑われたことが悲しくて，『そんなこと言うならもう知らない！』って言ったんだね。それを聞いたF子さんは，E子さんの悲しい気持ちに気づかずに，言葉だけを聞いて怒っちゃったのかもしれないねぇ。E子さんはどう思うかなぁ？」という言い方をしていきます。このような関わりを通して，E子自身が認識している問題状況を共有していきます。

　次に，子どもがどうしたいと思っているか（目標）を尊重しながら一緒に解決方法を考えます。「E子さんは今まで親友とけんかしたことはある？　そのときはどうやって仲直りしたの？」「今回はこうしようかなぁって考えてみたことはある？」などと，子どもの力を引き出しながら考えていきます。考える際にメモを取りながら一緒に眺めていくとよいでしょう。

　続いて，「もしこの方法をしてみたら，どうなると思う？」と結果を予想しながらとりあえずの解決方法を決めておきます。そして，子どもと一緒に対処方法を練習することで，子ども自身が「できそうだ」と思えるように支えていきたいところです。

　最後に，練習した解決方法を実行したかどうか，実行した場合はその結果を次に会ったときに教えてもらうように伝えておきます。実行した解決方法がうまくいけば子どもの力として確認し，うまくいかなければまた問題解決スキルを使って考えることもあるし，子どもの中で目標が変わって新たな解決方法を

考え始めることもあります。

　この事例では，結局は「教師に相談する」という対処方法は選ばれませんでした。しかし，教師が卒業に向けて学級での人間関係づくりを意図的に進めていく中で，次第にE子も学級の他児と仲良くする様子が見られるようになりました。このように，何でも相談することが重要なのではなく，自身の対処方法を振り返ることで自己解決できたり，周囲の環境（教師の関わりや学級経営の方法）が変わることによって問題状況が解消したりすればよいと思います。

　なお，問題解決スキルを用いた話し合いの結果「担任に相談する」などの対処方法が選択された場合は，援助要請経路に基づけば「自己解決の可能性の判断」が困難であると考え，「相談の必要性」があると認識し，援助要請意図が高まっている状態であると考えられます。つまり，援助要請経路を下に進んでいる状態ということです。このような場合も本実践と同様に，選択された「担任に相談する」という方法について，相談の仕方を具体的に考えていくことで実行可能性を高めていきます。その際には，援助要請スキル（本田ほか，2010）の考え方が役に立つでしょう。この場合の関わり方は，次の【タイプ3】の心理状態への関わりと同様になってきます。

第4節　相談の必要性の認識を高めるための実践（【タイプ3】）

　自分自身で問題状況があると認識し自己解決が困難であると判断しても，他者に相談したいとあまり思わない人もいます。その背景には，環境の要因（相談する余裕がない，多忙である），個人の心身の健康状態の要因（相談したいと思えないほど疲弊しきっている，無気力状態である），過去の否定的な相談経験（相談して良かったと思える経験をしていない），などが考えられます。

　【タイプ3】の心理状態の人に「誰かに相談すること」を促した結果，本人の援助要請意図が高まり「相談したい」と思うようになった場合には，具体的な相談の仕方を一緒に考え，相談の実行可能性を高める援助をしていくことになります。

　しかし，自己解決できない問題状況でも他者に援助を求めないことで問題状況の悪化や深刻化を招く恐れがあるため，本人が自分から「助けて」と言えるように関わるのみでなく，援助者の方から援助を申し出ることも重要であると

考えます。「助けて」と言われなくても助けるためには，援助要請感受性（本田・本田，2014）が重要です。しかし，援助を求めることに抵抗が強い人は他者から援助を受けること自体を良いとは思わない可能性もあるので，援助者の申し出を拒否したり断ったりすることもあると思います。「○○しましょうか？」と申し出たときの「いえ，大丈夫です。ありがとうございます」という言葉の背景にはそのような心理もあり得ます（本当に大丈夫なこともあります）。このような部分にも【タイプ3】でニーズがある人との関わりの難しさがあると思います。

(1) 実践4：「相談しないことを相談する」作戦会議
事例の理論的背景と目的：

　実践4は，中学校のスクールカウンセラーが行う自由来室活動で，問題状況の認識や自己解決の可能性の判断に緩やかに関わりながら相談する力を高めることをめざした実践です。

　実践3では，問題解決スキルを用いた話し合いによって自身の対処方法を振り返り，よりよい対処方法を考えていく例を示しました。その結果，相談することなく問題状況が解消していくこともあります。一方で，自身の対処方法を再検討した結果「誰かに相談する」という対処方法が選択された場合には，相談しやすくなるように働きかけることが必要です。

　自己解決が困難であっても相談したいと思わない【タイプ3】の人に対して，援助者が相談することを促していくためには，援助要請意図を高める関わりが必要になります。計画行動理論から次の3点への働きかけが有効であると考えられます。まず，「行動に対する態度」です。本人の援助要請態度をより肯定的にするためには，周囲の他者が肯定的な援助要請態度を有していると知ることが有効であると思います（後藤・平石，2013）。次に，「主観的規範」です。具体的には，友人などの重要な他者が援助要請を勧めることが有効です（木村・水野，2008）。

　最後に「知覚された行動統制感」です。影響力は非常に弱いものの（木村・水野，2008；Mo & Mak, 2009），「相談することは容易にできる」と思えることで，援助要請意図が高まる可能性があります。相談の必要性を感じなかった子どもが「やっぱり相談しよう」と思った際には，上手に相談する方法である

援助要請スキル（本田ほか，2010）を一緒に考えることが子どものためになるでしょう。援助要請スキルを高めること自体が援助要請意図を高めるとは言い切れません（新見ほか，2009）。しかし，援助要請スキルを使うことで相手からサポートを多く受け取り（本田ほか，2010），相談後に肯定的な援助評価がしやすくなり（本田ほか，2008），その後の精神的健康にもつながると予想されます（本田・新井，2008）。そのため，実践4における援助要請スキルへの関わりは，「相談したい」という思いが強くなって相談した際に，「相談して良かった」と思える相談の仕方を子どもと一緒に考える取り組みになります。実践4では，日常的な会話を通して援助要請スキルに関わっています。

以上の点から，【タイプ3】の心理状態にある本人を含めた友人集団に働きかけ，人間関係の調整を図る介入が有効であると思います。

計画行動理論とは別の点から考えると，同時に複数の人同士で話す場合，相談を勧める側の子どもにはパーソナルサービスギャップ（Raviv et al., 2009）の心理が表面化する可能性があります。その点にも気を配りながら，タイミングよく子ども同士の会話に入っていくとよいと思います。

これらの理論的背景を意識しながら，生徒同士の「相談すれば？」，「いや，いいよ」という会話を教師やスクールカウンセラーが傍で聞きながら，どのようなタイミングで，どのような質問を投げかけ，どのように共感を示していくか，というやり取りの例を紹介します。

実践の経過と考察：

中学校の昼休みに自由来室活動をしているときには，多くの生徒が相談室を出入りしたり，おしゃべりしたり，遊んだりしています。学校の教室の昼休みの風景をイメージしていただくと近いと思いますが，相談室の場合はたいてい学年が混ざって自由に過ごしています。そのような状況で相談しようか迷っている生徒と話していると，当然深い話はできませんが，代わりに他の生徒がモデルとなって固まっていた考え方が広がるような瞬間をくれることがあります。ここで紹介する実践はその一例です。なお，守秘義務に配慮しつつ実践のポイントが明確になるように，実際のやり取りを基にして創作を加えているので，現実に基づいた架空の話としてご覧ください。

ある日の昼休み，いつも相談室に来ている3人組の女子生徒のうち，2人の女子生徒が「先生，ちょっとこの子の話を聞いてあげて」と相談室にやってき

ました。見ると，2人の後ろから半分あきれた顔で手を引っ張られて来る女子生徒（G子）がいます。「おお，何かあった？」と聞くと，以下のような話でした。

　3人はとても仲が良く，いつも一緒に遊んでいます。お互いの好きなこと，音楽，勉強や恋愛のことなど，3人で楽しく話して過ごしているようです。最近G子がある話をしたときに，聞いていた2人の友人が話の内容に少し驚き，「それってやばくない？」，「一応さ，親とかに言った方がいいよ」と言いますが，当の本人は「別に親に言うことじゃないよ」と相談しようとは思っていないようです。2人の友人はそれでも心配で相談するように説得しますが，G子は「もうその話はいいよー」とはぐらかし，話がかみ合いません。そこで，友人の2人は学校の先生ではないスクールカウンセラーに，「この子が親に相談するように」説得してもらおうと連れてきた，ということでした。

　スクールカウンセラーが「どんな話だったの？」と言いながら相談室の隅の方にさりげなく3人を促し，G子にも視線を向けながら友人の方も見ると，友人から話し始めました。

　G子は一人っ子で，友人の2人が言うには真面目で大人しく穏やかな性格で，3人でいるときは自分からも話しますが，たいていは友人2人が大騒ぎするのを笑いながら見ていたり2人の恋愛などの悩みを聞いてくれたりするそうです。そのG子が少し前，隣町のショッピングモールで1人で買い物をしていたとき，他校の中学生か高校生くらいの男子に話しかけられ，連絡先をしつこく聞かれたそうです。知らない生徒なのでそのときは断って終わったのですが，次の週にまた1人で買い物に行くと，同じ男子生徒に「また会ったね！ここ，よく来るの？」などと話しかけられ，連絡先をしつこく聞かれました。無視して帰ろうとすると帰り道の途中までついて来て，無断で何枚も写真を撮られたため，怖くなってその後はショッピングモールに行かないようにしているとのことでした。

　G子本人は「もうあそこには行かないから，平気だよ」と言います。友人の2人は，最初は大人しいG子に急に降ってきた恋愛めいた話に大盛り上がりしましたが，その後の様子を聞いて「ショッピングモールで待ち構えてG子を探しているんじゃないか」，「G子が行かなくなったら，これからもっとしつこく探し回って家まで来るんじゃないか」，「G子は大人しいから何かあった

113

第5章 「助けて」と言わない（言えない）子どもへの援助

ら大変だ」と心配になってきたそうです。そして，友人の方から「今度私たちも一緒に行って，もう近づくなって言おうか？」と言いますが，G子は「それは悪いからいいよ。しばらく買い物は我慢するよ」と乗り気ではありません。

援助要請の心理からの事例の理解：

友人2人は相談の必要があると考えて勧めています。しかし，G子本人は「ショッピングモールに行かない」という自分なりの対処で十分とは思わないものの，相談の必要はない（親に言うほどのことじゃない）と考えているようです。そのため，心理状態は【タイプ3】が最も近いと考えられます。

スクールカウンセラーとして聞いていて，G子の言うとおり今後何も起こらないかもしれないし，友人の言うとおりトラブルに巻き込まれる恐れもあり得るため，この時点では緊急に相談が必要とまでは判断しにくいと思いました。とはいえ，犯罪や事件に発展してしまうことは避けたいところですし，何より友人2人がとても心配しているので，親には言っておいてほしいと思いながらその後の関わりを続けました。以下では会話のやり取りの形で書いていきます。SCはスクールカウンセラー，友人はH子，I子とします。

計画行動理論の「行動に対する態度」を意識した関わり：

> SC：「うーん，何かすぐに絶対親に相談した方がいいかどうかは分からないけど，ちょっと心配だよねぇ。G子さんとしても我慢して買い物に行けないのももったいないし，それで解決するとはちょっと思えないよねぇ。」
> G子：「まあ，そうですね。でも，1ヶ月くらいしたらまた行ってみます。」
> H子：「危ないかもよ？　親と一緒に行けばいいんじゃないの？」
> G子：「そうだけど，でも1人で行きたいし，親も日曜日に仕事してる日もあるから。」
> I子：「仕事してない日もあるんでしょ？　やっぱり，親に話して一緒に買い物に行ったらいいよ。」
> G子：「でも，お母さんに『何で1人で行かないの？』って絶対聞かれるし。言いたくないからさ。」
> SC：「①<u>G子さんとしては，『他校の知らない男子に連絡先を聞かれたり写真を撮られたりして嫌だった。』</u>って言うと，お母さんになんて言われ

> ると思う？」
> G子：「『G子がはっきり断らないからじゃないの？』とか，『知らない人といきなり付き合ったりしちゃ絶対ダメだからね！ 分かったの！？』とか，言いそう。」
> SC：「あー，そういう風に言われると思うんだね。なんか，別にG子さんが悪いわけじゃないのに叱られる，みたいな感じかな？」
> G子：「そうです。」
> SC：「それになんか，自分のことを信用されてないみたいな。」
> G子：「そう！そうなんです！ お父さんもだけど，お母さんもいろいろ言ってくるので，もう正直，面倒臭くて言いたくないんですよね。」
> SC：「そうかー。そう思うと，親に相談しようとは思えないよねぇ。じゃあ，相談っていうか，友だちに言えただけでも，G子さんとしては気持ちがすっきりしたんじゃない？」
> G子：「そうですね。H子もI子もちゃんと聞いてくれるので。」

　ここまでの話し合いは「行動に対する態度」との関連で，G子の援助要請態度に緩やかに関わっています。相談したいと思わないG子の「お母さんに言いたくない」という言葉を聞いたスクールカウンセラーの質問（下線部①）によってG子の母親に対する援助要請態度（抵抗感）を尋ねています。このように相談した結果，心配されることを質問する方法は，海保・田村（2012）でも用いられており，第5節でも取り上げます。
　スクールカウンセラーの質問の結果，G子からは叱責やますます信用してもらえなくなることが抵抗感として語られ，同時に不安，悲しみ，怒りなどが混ざった感情が表現されたので，感情を深めすぎずに（相談室内には他の生徒たちの笑い声や楽しくしゃべる声がしています），しかし，共感的に受け止めようとしています。この場面ではまず，一方的に相談を勧めるのではなく，「なぜ周りの人は勧めるのに，自分では相談する必要がないと思うのか」という点をていねいに聴いていきます。
　G子の場合は，最初は「自分の対処で解決しないことは分かっているけど，相談はしたくない」と思っていたようであり，友人はそれを聞いて「1人では危ないかも」と説得していった結果，説得はうまくいきませんでした，G子の

第5章 「助けて」と言わない（言えない）子どもへの援助

発言の背後には親に相談することへの抵抗感があったようでした。スクールカウンセラーはその点に気づくと，「そう思うと，親に相談しようとは思えないよねぇ」と，G子なりの考えや心の動きに理解を示します。

計画行動理論の「主観的規範」を意識した関わり：

> H子：「でもさ，聞いてあげるだけじゃ解決しないよ？　何かした方がいいよ。」
> SC：「そうだよねぇ。②<u>もしH子さんにG子さんみたいなことが起きたら，どうする？</u>」
> H子：「えっ，お姉ちゃんにすぐ相談する。」
> I子：「いいなーH子は。お姉ちゃんがいて。」
> SC：「そうかー。I子さんは？」
> I子：「③<u>うーん，何か今の聞いてて，私でもやっぱり親には相談しないかも。した方がいいのは分かるんだけど。</u>」
> H子：「えー！　I子も相談するように言ってたじゃん。しないの？」
> I子：「うーん，学校のことは結構お母さんに相談するけど，こういうことになると家も親がうるさいからさ。自分だったら言わないけど，でもG子は相談した方がいいなって思って。ちょっと無責任だったかな，ごめんね。」
> SC：「④<u>そっか，I子さんは，今回のことは1人で何とかするんじゃなくて，相談した方が良いと思ってるからこそ，G子さんにも勧めたんだよね。でも，いざ自分だったらって考えると，相談すると心配なこともいろいろあるし，やっぱり相談しづらいかなって，そんな感じかな？</u>」
> I子：「…そんな感じです。」

この部分では「主観的規範」との関連で，H子，I子の援助要請態度を尋ねています。H子の「聞いてあげるだけじゃ解決しないよ？　何かした方がいいよ。」という言葉からはやはり相談することを勧めたい気持ちが感じられたので，スクールカウンセラーはH子の対処方法を聞いてみます（下線部②）。人に相談を強く勧めるだけあって，H子自身も肯定的な援助要請態度を有しているようでした。

第4節　相談の必要性の認識を高めるための実践（【タイプ3】）

　しかし，Ｉ子には迷いが生じます（下線部③）。Ｉ子の中で，同じ問題状況で人には相談を勧めても自分では相談しようと思わない心理，つまりパーソナルサービスギャップが意識されていると考えられます。

　それまでＨ子と同じ意見だったのに意見を変えたこと，さらにＧ子を説得していたのに意見が正反対に変わったことで，「ちょっと無責任だったかな，ごめんね。」と気まずさを感じているようでした。そのタイミングを逃さずにＩ子に生じた心の動きをていねいに言葉にしてパーソナルサービスギャップの心理の自己理解を助けつつ，Ｇ子，Ｈ子にも共有されるように働きかけを行っています（下線部④）。ですが，その後のＩ子の反応からは，あまり腑に落ちていない様子にも見えました。

計画行動理論の「知覚された行動統制感」を意識した関わり：

SC：「なるほどねぇ。親に相談した方がいいとは思うけど，言ったら言ったでいろいろ心配だし，かといって相談しないままにしておくのもそれはそれで心配だし…。どうしようねぇ…。」

Ｇ子：「…。なんかでも，みんなの話聞いてたら，やっぱり付きまとわれたら怖いし，お母さんには言っておこうかなって…。」

SC：「そうか。でも叱られたりするのも嫌だし，⑤例えばさ，『こういうことあって嫌だったけど，1ヶ月くらいは行かないようにするし，何かあったらすぐにお母さんに言うから，今はそっとしておいて』とか，言っておきたい気がする。こんな風に言ってみたことってある？」

Ｇ子：「ないです。」

SC：「そうか。⑥言ってみたら，お母さんは何て言いそうかな？」

Ｇ子：「うーん，『何かあったらすぐ言いなさいよ』とは言うけど，それ以上はあまり言わないかも。」

SC：「そうか，だとしたら，そんな言い方も，よかったらしてみてね。」

Ｇ子：「はい，ありがとうございます。」

Ｈ子：「よかったね！」

Ｉ子：「がんばれ！！」

SC：「⑦言ってみてどうだったか，また来週教えてね。それに3人とも何か心配なことがあったら言ってね。」

第5章 「助けて」と言わない（言えない）子どもへの援助

G子，H子，I子：「はーい。ありがとうございましたー。」

　最後に，「知覚された行動統制感」との関連でG子の援助要請スキルを考える場面です。話し合いの後半ではG子の方から「お母さんには言っておこうかな」と言い，相談する必要性が芽生えてきます。真面目なG子なのでスクールカウンセラーに気を遣ってこう言ったのかもしれません。また，今回のできごとについて4人で話題にすることで，G子が「ショッピングモールに行かない」という回避的な対処を選び，あまり考えないようにしていたことで意識されていなかった不安が表面化し，相談の必要性を感じるようになったのかもしれません。

　いずれにしろ，G子が自分で援助要請意図を表明したことを受けて，援助要請スキルに関わっていきます。その際に，スクールカウンセラーも今回の件は親に話しておいてほしいと思っていたため，「その方がいい気がする。」と少し念を押しておきました。さらに，G子の援助要請態度（抵抗感）に配慮しつつ具体的な援助の求め方を提示し（下線部⑤），G子自身に援助要請行動の結果を予測してもらいます（下線部⑥）。

　G子の母親がどのような人かスクールカウンセラーは知りませんが，G子の予想はそれほど悪くなかった上にG子の表情も少し前向きに感じられたので，控えめにホームワークを出しつつ，事態が悪い方向に向かった場合にスクールカウンセラーがより積極的に関わることができるような下地を作っておきました（下線部⑦）。このような一言を言っておくことで，たとえ生徒の方から何も言わなかったとしても，「そういえばあのときの話なんだけど，その後どうなった？」などとスクールカウンセラーの方から聞きやすくなります。

　もしG子が援助要請行動の結果を悪く予想していれば，せっかく相談しようと思っても相談しにくいと思うので，その場合は「じゃあ，どういう言い方をすればお母さんが分かってくれるか，みんなで作戦会議しよう」などと友人のアイディアを聞いていきます。スクールカウンセラーが考える方法よりも同世代の子どもたちが考える方法の方が好まれることもあります。

　以上のように，相談の必要性を感じていない子どもの中には，否定的な援助要請態度を有していたり，問題状況を認識する中で自分自身の否定的感情をう

まく認識できていなかったりする子どもがいるようです。この段階の心理状態の子どもと関わる際には，前の段階に戻って「自己解決の可能性の判断」の段階の話し合い（対処法の不足や不適切さ）をしたり，さらに前の「問題状況の認識」の段階で話し合ったりすることが役に立つという印象があります。

　さらに，援助要請以外の点として，共感的に話を聴く姿勢の重要性はもとより，複数の子どもと話すときは「〇〇さんとしては，」という言い方で，その人の方を見て話すことを心がけています。そうすることで，誰が言ったことかが整理されやすくなり，子どもたちとスクールカウンセラーの間で話題の混乱や誤解が生まれにくくなるように配慮しています。

　実践4でのやり取りは，より深刻な問題状況（いじめられている，死にたい，など）をスクールカウンセラーに打ち明けてくれた子どもが「先生と親には絶対言わないでください」と言うときの関わりを参考にしています（海保・田村，2012；文部科学省，2009）。このようにもう少し深刻で緊急性が高いと思われる問題状況における援助要請に配慮した関わりの事例は第5節で解説します。

(3)　**実践5：「助けてほしいと思わない」子どもには，助けてもらう**
実践の理論的背景と目的：
　実践4の場合は話し合いを通して子どもの「相談の必要性」の認識が高まり，自ら相談することにつながりました。しかし，【タイプ3】の子どもとの関わりでは，実践4のように直接援助要請について話し合うことが難しい場合があります。このような場合には，日常的な関わりを通して子どもの援助要請意図を緩やかに高める関わりをしていくことになるでしょう。実践5では，子どもが直面している大きな問題状況に対する相談を促すのではなく，小さなことで人に頼る経験をして「人に助けてもらうのも悪くない」と思ってもらうことで援助要請への抵抗感を低めることを目的として関わったものです。

　実践5では，第4章で解説した援助行動を促す介入が中心となっています。不登校状態にある子どもへの支援を考える際に，子ども本人が不登校という話題に触れたくないというような反応を示すことがあります。不登校になった原因が分からなければ援助ができないわけではありませんが，子ども本人がどのような感情や考えを有しているかを一緒に話し合うことができると，より子ど

もに合った援助案を考えていくことができると思います。
　実践5の事例も複数の事例を組み合わせて，若干の創作を加えてあります。また，ここでは自由来室活動でも個別面接でもない，学校内適応指導教室[6]（木南，2005）を運用する中学校内の相談室におけるスクールカウンセラーの活動を紹介します。そのため，カウンセリングではなく，極めて日常的な関わりをしてるので，教師や親なども実践しやすいものであると思います。

実践の経過と考察：
　この中学校の相談室は学級には入れないものの学校には来たいと思い，実際に学校までは来ることができる生徒や，学校を長期間休んでいたが担任や保護者の関わりで少しずつ学校に来るようになった生徒などの居場所として運用されていました。そのため，昼休みなどに自由来室活動は行っていません。生徒は登校時間を5分だけずらして朝の会の時間に自転車で登校し，生徒玄関ではなく職員玄関から入って教室に行かずに相談室に来ます。学級担任に限らず，教師は登校すると毎日話に来て空き時間に勉強を見ることで，生徒との信頼関係を高めていました。とはいえ，ずっと相談室にいることは難しいので，養護教諭やスクールカウンセラーが主に長い時間を生徒と一緒に過ごします。

　7月のある日から，中学3年生のJ子が相談室で過ごすようになりました。担任からは「何が原因で教室に行けなくなったのかは分からないが，本人は学校には来たいと言うので相談室で過ごさせます。」とのことでした。実際に勉強が苦手なわけではなく，むしろ成績は良い方です。担任がJ子と仲の良い友人にも聞きましたが，友人関係が悪化した様子は見られないようでした。実際に，昼休みにはクラスの友人2名が相談室に来てJ子と3人で廊下で談笑しています。
　担任は，「『何か嫌なことあった？』と聞いても何も言わず下を向いてしまいます。何が嫌か言ってくれればできることはたくさんあるのに」と言います。J子は人間関係が悪いわけではないのですが，もともと何でも自

---

[6] 学校内に設けられた別室（相談室など）を単なる居場所や学習の補充の場とするのではなく，子ども同士の育ち合いの場（社会性を高める場）として機能させるような運営方法であり，「主」として見守る大人の存在（養護教諭など）や子どもが自由に過ごし方を選択できることなどが運営上重要とされる（木南，2005）。

分1人でやろうとするところがある生徒です。実際にJ子1人で大抵のことは他の生徒よりも早くこなしてしまいます。担任が見ていてJ子が頼りになると思う反面,「もっと他の生徒にも頼ってほしい」と思う生徒のようでした。親と担任も話し合いましたが,親は動揺しているものの「とりあえず学校に行けるのであれば相談室でもよい」とのことで,しばらくは様子を見ることになったそうです。

　J子の相談室への登校が始まって1週間ほどが経ったとき,スクールカウンセラーが初めてJ子と会いました。J子が相談室にいるときは,スクールカウンセラーは勉強の合間に雑談するような関わりが中心でした。教室に行かない(行けない)ことなどは話したくない様子です。

援助要請の心理からの事例の理解:
　J子は担任に勧められて相談室に来たものの,嫌がることなく登校を続けています。そのため,J子自身には何らかの問題状況の認識があり,自己解決が困難であると認識している可能性が高いです。「相談室に来る」というのも1つの対処ですが,これでJ子の問題状況が解消しているようには見えません。しかし,もともと何でも自分1人で取り組みたいJ子は自分から何に困っているかを相談することはなく,親や担任に聞かれても答えません。親や担任との信頼関係はあるようなので,相談をためらっているというよりは,相談の必要性の認識に乏しい状態(「相談したい」と思っていない)ではないかと思えました。以上より,【タイプ3】の心理状態であると考えられます。そのような状態のJ子に相談の場を設けて話してもらおうと思っても難しいと予想されるので,まずはスクールカウンセラーが信頼関係を作りながら,J子に「相談したい」と思ってもらえるような関わりを行いました。

子どもの自助資源を生かす援助を要請する関わり:
　援助要請の態度をより肯定的にし,援助要請の動機づけを高めるために,J子自身の援助行動(人を助ける,人の役に立つ経験)が増えることをめざしました。J子には大抵の物事を上手に処理できるという自助資源があるため,その方が無理に相談の場を設定して聞き出そうとするよりはJ子にとっても抵抗が少ないと考えられます。相談室でのJ子の過ごし方を養護教諭に聞いたところ,援助行動の自発を待っていてもなかなか生じないと思われたため,スクー

ルカウンセラーから援助行動のきっかけを出しました。
　J子に「援助行動が成功した」と思ってもらうためには第4章で紹介した2つの工夫が必要です。まずは，J子の自助資源を活かした援助をこちらが要請することです。例えば，絵を描くことが得意であまり恥ずかしがらない子どもであったら，「掲示板に貼る相談室通信のところに，生徒が『読んでね！』って言っている絵を貼りたいんだけど，そんな感じの絵を描いてもらえないかな？」というお願いはうまくいくかもしれません。
　しかし，生徒と会ったばかりでどんな生徒かよく分からないときには，いきなり大変なことをお願いするよりも誰でもできそうな小さなお願い（手伝い）を要請するとはずれることが少ないでしょう。例えば，物を借りる（「ハサミ持っているかな？　貸してー。」），相談室内の掲示物を張り替える，印刷室に行ってスクールカウンセラー便りの印刷を一緒に行う（教室から出る機会にもなり，生徒の不安の程度を測ることもできます），などです。スクールカウンセラーが良いモデルとなるように援助要請スキル（本田ほか，2010）を踏まえて，「忙しかったら無理しないでいいよ」，「なんか，いつも手伝ってもらって申し訳ないね，ありがとうね」などと相手の負担を考慮する言葉かけもていねいに行います。このように，スクールカウンセラーが上手に援助を求める行動を見せることでモデリング[7]の効果も期待します。

「手伝って良かった」という体験を促す：
　この実践のもう1つのポイントはJ子自身に「援助行動が成功した」と実感してもらうところにあり，「成功した」と実感できるような反応をこちらが示す工夫が必要になります。
　スクールカウンセラーに頼まれたことがきっかけとなって（自発的ではないが）生じたJ子の援助行動に対して，何らかの良い結果を伴わせることが重要です。そのための具体的な関わりとして，生徒に意見を聞きながら一緒に活動すること（掲示物の整理をするときに「ここに貼ると邪魔かな？」，「そうだよね，この辺で良さそう？」，など），助けてもらった気持ちを分かりやすく伝え

---

7) 他者の行動を観察することで学習する方法であり，子どもに対する援助においては，援助者が子どものモデルとなるように振る舞うことで，子どもの適応的な行動を促進する方法である（石川，2013）。第4章第4節で紹介したソーシャルスキルトレーニングでもこのモデリングが活用されている。

ること（気持ちを込めて「ありがとう」，「助かったよ」と言うなど）が挙げられます。このような関わりを通してJ子自身が「手伝って良かった」と思えることで，自身の援助要請態度が肯定的になり，援助要請への動機づけが高まることが期待されます（高木，1997）。

　きっかけとそれに続く行動に対して良い結果を伴わせる（三項随伴性の考え方）上で注意したいのは，大人の関わりが本当にJ子にとっての「良い結果」になっているかどうかを常に意識することです。安易に褒めるだけでは思春期の子どもに効かないどころか，大人の意図を見透かして嫌気が差し，「別に褒められたくてしているわけじゃないし」などとイライラさせることもあり得ます。子どもにとって嬉しい言葉かけや子どもに届く褒め方をしていくことが大切であるため，この関わりをする上ではJ子のことを理解する努力が不可欠です。

体験の機会を広げる：

　このような関わりは週に1回しか学校にいないスクールカウンセラーのみが行ってもあまり有効ではないので，養護教諭の先生にも関わり方の意図を説明し，こまめに同じような関わりをしてもらいました。養護教諭は，花の水やり，折り紙を使った掲示板の飾りづくりなど，さまざまな活動を一緒に取り組み，生徒に感謝の気持ちを伝えてくれました。このような関わりを通して，次第にJ子も自分から手伝いをすることが増えたり，空き時間に勉強を見てくれる先生に分からないところを質問したりするようになっていきました。中学生になると，「人から言われないとやらないのでは困る，自主的に活動すべきだ」という意見もあるでしょう。確かにそうかもしれませんが，現時点で自発的に行っていないことをいきなり1人でさせることは難しいため，行動が生じやすい環境やきっかけを整え，行動後に良い結果を提示していくていねいな関わりは不可欠です。

事例のその後：

> 　J子は高校進学を希望していたため，担任から「受験のときはいろんな生徒と一緒に教室で受けることになるから，今のうちから練習しておくように」と勧められ，2学期の期末試験の機会に久しぶりに教室に戻りました。その後は担任の授業のみに出席することを続け，最終的には登校時と

> 昼休みのみ相談室に来て,それ以外の時間はすべて教室で過ごすようになりました。結局卒業まで相談室で過ごしており,なぜ教室に入れなくなったのかは分かりませんでしたが,無事に高校に進学していきました。

この事例では上述した援助要請の心理への関わり以外にもさまざまな人の関わりがありましたので,この経過がすべて上述した関わりによるものではないことを明記しておきます。

本節では【タイプ3】で援助の必要性が高い子どもの事例を取り上げましたが,表4-4に示すように援助の必要性が(まだ)低い場合もあります。例えば,子どもが自分の力では解決が難しくても,何とか自己解決したいと努力し,大人から見て実際に子どもが成長し,たくましくなっていく様子が確認される場合です。困っている子どもにすぐに援助が必要であるわけではなく,問題状況や子どもの自己解決の様子を見ながら,あえて早急な援助を控えることも教育的指導や子どもの成長を促進する上で大切なことです。このような場合で重要なことは,まずは子どもが困っていることを早期に発見すること,そして早期にではなく適時(タイムリー)に援助することです(石隈,2009)。もちろん,適時が早期の場合もあります。日常的には「見守る」と言われることも多いのですが,「見守る」場合には,誰が(担任教師,養護教諭,母親,など),何を(子どものどのような行動や様子を),いつからいつまで観察し,変化が見られた場合にはどうするかをあらかじめ想定しておくなど,細かな計画や見通しを持ったうえで「見守る」ことが重要です。

第5節　身近な人への相談をためらう子どもとのカウンセリングの実践【タイプ4】

【タイプ2】の事例を紹介した実践4では,緊急性が高いとは言えないが相談した方が良いかもしれない問題状況において,相談する必要性の認識のない子どもとの関わり方を例示しました。本節の実践6では,より深刻な問題状況で,子ども自身も援助要請意図が高い(相談したいと思っている)場合の事例を取り上げます。

第5節　身近な人への相談をためらう子どもとのカウンセリングの実践【タイプ4】

　子どもがスクールカウンセラーに相談に来る経緯はさまざまです。例えば，本人が相談したいかしたくないかにかかわらず教師に連れて来られた場合には，筆者は子どもの「連れて来られた」気持ちや，そうはいっても機会があれば相談したいと思っていたのかどうか，こちらとしては教師からどのように聞いているか，などの相談場面の文脈から話題にすることが多いのです（本田，2012）。その他の経緯として，自由来室活動や廊下での雑談などを通して自分から相談したいと思って来る場合，スクールカウンセラーのことはよく知らないけれど友人に勧められたので期待して来てみた場合などがありますが，本節の事例は「自分自身が困っていて相談したいと思っているが，親，教師，友人など身近な人には相談できないためにスクールカウンセラーのところに来た」生徒です。スクールカウンセラーは週に1回など限られた時間しか学校にいない上，教師とは異なり成績評価などをしないため，子どもにとって学校の先生とは違う存在として認識されやすいようです。一般に相談相手には自分のことをよく知っている人を選ぶので，多くの生徒は「あまり学校にいないし，どんな人かも分からないからスクールカウンセラーに相談しようと思わない」というところでしょうが，これらの教師との特徴の違いによって，あえて少し距離のある関係を求めてスクールカウンセラーを選ぶ生徒がいます。

(1)　実践6：「教師に言えない『いじめではない』悩みごと」
実践の理論的背景と目的：
　本節では，いじめに関する相談をした子どもとのやり取りの一例を示します。実践4との大きな違いは，本節の事例は自由来室活動ではなく放課後に予約されて行った個別面接である点，および，親や教師と情報を共有する必要性や緊急性がある程度高いと判断されたため，スクールカウンセラーは子ども自身を守るためにも情報共有する方向に子どもの気持ちを向けたいと強く思っている点，それらの理由によって第4節の事例よりもスクールカウンセラーが相談を促すように少し強く働きかけている点です。
　また，親や教師といった身近な他者への相談をためらう子どもに対しては，子どもが「助けて」と言わなくても言いたい気持ちに周囲の大人が気づくことが重要です。これは援助要請感受性（本田・本田，2014）という考え方です。身近な人への相談をためらっている子どもとの関わりにおいては，子ども自身

の援助要請スキルを高めるとともに，周囲の大人の援助要請感受性を振り返る機会にすることが重要であると考えます。

本実践も守秘義務に配慮しつつ実践のポイントが明確になるように，複数の事例の実際のやり取りを混ぜ合わせ，若干の創作を加えてあります。

実践の経過と考察：

> 12月のある日スクールカウンセラーが中学校に行くと，3年生の担任教師から「うちのクラスのL子という生徒が先生に相談したいと言っているので，放課後ちょっといいですか？ 何だか，直接スクールカウンセラーの先生に話したいみたいなので，どんな話か私は詳しく聞かなかったんですけど。」と言われ，放課後に生徒との面接予約が入りました。スクールカウンセラーとL子は半年ほど前から廊下で雑談する程度の関係を持っています。担任から聞いたL子の情報は，学力は高く地域で一番の進学校にもこの調子なら合格すると思われること，勉強はできるが自慢しないためクラスの人からも頼られていること，本人も勉強ができることは自信になっていること，友人は多くはないが同じ部活だった隣のクラスの女子1名と特に仲が良いこと，などでした。「友人の数は少ないけど，真面目な優等生」という印象でした。
>
> 放課後にやってきたL子に話を聴くと，「いじめではないんですけど，最近クラスの人とうまくいってなくて。」と言います。クラスでも目立つ女子グループは，教師がいる前では普通に話しかけてきますが，教師のいないところでは「いじめではないけど」，よそよそしくなったり話しかけても聞こえないふりをされたりして苦しいとのことです。また，以前は定期試験の1週間くらい前頃はクラスの多くの人に勉強のことを質問されてノートを見せたり教えたりしており，「すごい」，「分かりやすい」と言われていましたが，期末試験前はなぜかほとんど誰も聞きに来なくなりました。女子グループはその様子を見て，「L子，暇そうじゃない？」，「勉強しすぎだから休ませてあげようよ」などと聞こえるように言われ，笑われたことがありました。勉強に自信を持っているL子にとって試験前にみんなが話しかけてくれることはとても嬉しく誇らしいことでしたが，突然のクラスの人の変化にショックを受けました。理由はL子にも分からな

いということでした。

　その頃から休み時間に教室の後ろで聞こえる女子グループの笑い声や，男子の「調子に乗ってんじゃねーぞ！」などという言葉が聞こえると「自分のことを言われている」と思うようになりました。昼休みは図書室で過ごそうと思ったものの「自分が教室にいないときにクラスのみんなが悪口を言うかもしれない」と思い，それが怖くて教室にいるようにしているようです。家で１人になるとふと泣いてしまい勉強に集中できない日がしばらく続き，期末試験の成績も前より少し落ちました。

　担任からは「成績は落ちたが志望校に合格できる範囲ではあるため，気を抜かずにしっかり勉強するように」と励まされました。L子は「卒業も近いし，勉強に集中できればクラスはこのままでいい。」，「担任には絶対に言わないでほしい，カウンセラーの先生だから信用して話したんです。」と言います。

援助要請の心理からの事例の理解：

　ここまでの話で，スクールカウンセラーには，本人は友人関係や自分の心身の状態について困っていて（問題状況の認識がある），自己解決が困難であり相談したいと思うものの，担任には相談できないと思い悩んでいるように見えました。そのため，援助要請の心理状態としては【タイプ4】であると考えられます。なぜ担任に言えないかというと，「いじめではないんですけど」と繰り返し前置きすることから，「大人に相談するといじめだと思われて対応される，大ごとにされる」，という心配が強いことが想像されました。

　スクールカウンセラーとしては，実際には期末試験の頃にクラスで何があったのか，クラスの人が本当にL子のことを無視して陰で笑ったり悪口を言ったりしているのか，という客観的な部分も気になりますが，L子自身がさまざまなことを心配し悪い方に考え苦痛を感じていること自体をまずは支えたいと思いました。その上で，本当にいじめのような状況や今後いじめにつながる可能性が高そうであれば，環境を変えていくことが重要ですので，担任にも伝えたいと思いました。

　担任は毅然とした面もありますが日頃から生徒の話を親身になって聞く人でしたので，L子の「大ごとにしてほしくない，いじめだと思って対応してほし

第5章 「助けて」と言わない(言えない)子どもへの援助

くない」という思いもていねいに説明すれば、十分に汲み取ってくれるだろうとスクールカウンセラーは見ていました。このような環境側の要因も考慮し、先生に話すことについて話題にしていきます。

援助要請の心理を踏まえた関わり：

　ここでは一通り本人の話を共感的に聞いた後、面接の最後の方で本日の話を誰にどこまで話してよいかについて話し合う場面を紹介します。SC はスクールカウンセラーの略です。

> SC：「きっかけは多分クラスのことで、L子さん自身はL子さんの中にいろいろな考えが浮かんできて不安になることに困っているんだね。」
> L子：「はい。家や授業で、もっと集中して勉強したいんです。」
> SC：「うん。じゃあ、そのことをまた来週話そう。それと、先生に言わないでほしいってことだけど、私は週に1回しか来ないから、クラスのことは担任の先生にも言っておいた方がいい気がするんだけど、どうかなぁ？」
> L子：「…まあでも、いじめではないんで、大丈夫です。」
> SC：「⑧そうかー…。もし担任に今日の話を伝えたら、その後どうなりそう？」
> L子：「うーん、…後って言うか、先生も大変だし、みんなの進路のこともあるし、もうすぐ卒業するのにこんなこと話せないです。」
> SC：「なるほどー。卒業も近いしみんなの進路のことも考えなきゃいけないこの時期に、担任にクラスの人間関係のことなんか相談したら、迷惑をかけるだろうって感じ？」
> L子：「はい、そうですね。それに、担任がクラスの人にいろいろ聞いたり、いきなりクラス全体に何か言ったりして、前にもクラスでそういうことあったときに、いきなりクラス全体に注意していたので、そういうのはちょっと、…」
> SC：「ああ、担任がいきなりクラス全体に注意するだろうってことね。今日話していて『いじめではないけど』って何回か言っていたのは、先生にいじめだと思われたくないって気持ちもあるのかな？」
> L子：「はい、なんか先生がいじめじゃないかって思うと、結構はっきり

第5節　身近な人への相談をためらう子どもとのカウンセリングの実践【タイプ4】

とクラス全体にやめるように言うので、そこまでじゃないし、私の考えすぎかもしれないので…」

SC:「そうか、考えすぎかもしれない、とも思うんだね。先生に今日の話をすると迷惑をかけるだろうし、いじめだと思われてクラス全体に何か言われて、でもそういうことをしてほしいんじゃないし、だから先生には言いたくない、っていうところかな？」

L子:「そうですね。」

SC:「そうかー。そういう風に考えると先生には相談しづらいよねぇ…。…あのさ、私には話してもいいかなって思ってもらえたんだ？」

L子:「はい（笑い）、…やっぱり誰かに話してすっきりしたくて、でも先生には言えないし、友だちも受験に集中したいだろうし、言えなくて。」

SC:「ああ、そうなんだ、ありがとう。⑨こういうことって他の人にも相談したりした？　お家の人とか？」

L子:「お母さんには言いました。」

SC:「そう、何て言われた？」

L子:「『考えすぎじゃないの？　みんなも自分のことで精いっぱいで、あまり話さなくなっただけじゃない？』とか、『クラスで何かあったら、すぐにお母さんに言いなさい』とか、言われました。」

SC:「そうかー。そう言われて、どう思った？」

L子:「ちょっとすっきりしたんですけど、自分が考えすぎなのかなって思って。でも、やっぱり泣いちゃうし勉強に集中できないし、…」

SC:「困っているのはあまり変わらないってことかな？」

L子:「はい、そうですね。」

SC:「なるほどね、お母さんは知っているんだね…。うーん、でも、もしL子さんの考えすぎじゃなくて、本当にクラスの人が嫌なことをしていたり、万が一今後嫌なことをされたりしたら、それをすぐにやめてもらうこともL子さんが前みたいに勉強に集中するのに大事だと思うんだ。」

L子:「はい。」

SC:「⑩例えば、私から担任に、こう、『L子さんがクラスの人に無視や陰口を言われてるんじゃないかって心配で勉強に集中できないみたいです。でも、考えすぎかもしれないとも思っているので、すぐに担任の先

> 生に何かしてほしいわけではないようです。なので，不安を減らして勉強に集中することをめざして私（SC）との面接をしばらく続けたいと思います。先生にはクラスの生徒たちの様子をいつもよりちょっと注意して見ておいてもらって，もし何かあればクラス全体に指導する前に，L子さんと一度直接話してもらえますか？ その方がL子さんとしてはいいみたいです。』みたいな言い方で伝えたいんだけど，どうかな？」
> L子：「はい，それならいいです。」
> SC：「分かった。担任にも知っておいてもらった方が，私がいなくても何かあったときにすぐに対応してくれると思うよ。あっ，それから『L子さんがこんなこと相談したら忙しい担任に迷惑じゃないかなって心配していました』ってことも，伝えておこうか？」
> L子：「いえ，それはいいです（笑い）。多分，『そんなこと迷惑じゃない！』って言われるだけなので。」
> SC：「そうか（笑い），先生はそう言うだろうけど，でもやっぱり迷惑かもなって思ってためらっちゃう，って感じなんだろうねぇ。」
> L子：「そうですね（笑い）。」
> SC：「じゃあ，最後の部分は言わないけど，担任にも今日の話を伝えておくね。来週また放課後に話すときに，クラスの様子や担任と話したこととか，教えてね。」
> L子：「はい，ありがとうございました。」

　援助要請態度への関わりが中心になるため，関わり方は実践4と近くなります。むしろ【タイプ4】と【タイプ5】は「相談しよう」と意思決定している分だけ，「相談したい」と思わない人に相談を勧める【タイプ3】の場合よりも援助要請態度に焦点を当てて話し合いやすいと思います。

　身近な人への相談をためらう子どもに対しては，援助要請態度を探り（下線部⑧），予想される心配を取り除くためにスクールカウンセラー自身が環境（親や教師）に積極的に働きかけていきます（もちろん，子ども本人の了解もできるだけ得ます）。

　また，下線部⑨の質問は半田（2009）が紹介している関わり方です。スクールカウンセラーに相談する前に身近な人に相談していることも多いので，誰に

第5節　身近な人への相談をためらう子どもとのカウンセリングの実践【タイプ4】

相談し何と言われたか，それを自分ではどう思ったか，という点から整理して聞いていきます。これは子どもの相談する力を引き出す関わりとも考えられます。そして，下線部⑩ではL子の援助要請態度に配慮して，教師に相談内容を伝える具体例を示しL子に尋ねています。

さらに，このような事例の場合，親や教師は子どもが何に困っているか，相談をためらっているか，というところまでは判断できないにしても，子どもの様子が「いつもと違う」，「何かあったかな」と気づくことが重要になります。これは援助要請感受性（本田・本田，2014）という見方です。日頃から子どもの様子をよく観察し，いつもの子どもの様子を知っているからこそ，いつもと違う子どもの振る舞いに気づきやすくなります。筆者は，「助けて」と言えない子どもの周囲の親や教師には，時折子どもたちの個人内差への注意深さを振り返り，磨きをかけることが必要であると思います。

なお，この事例では，教師に直接本人が「助けて」と言えるようになることではなく，スクールカウンセラーが教師に相談内容を伝えています。つまり，教師に「助けて」と言えない子どもと教師の間を「つなげる」役割をスクールカウンセラーが担っています。第4章で示した図4-5にあてはめると，図5-5のようになります。緊急性が高い場合や本事例のようにいじめの可能性がある場合は，本人が自分から大人に相談するように促すのみでなく，話を聴いた援助者が親や教師と情報共有することを優先する必要があると考えます。

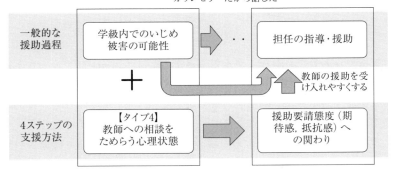

図5-5　実践6における援助過程

第6節　専門家（スクールカウンセラー）に相談しやすい環境づくりの実践（【タイプ5】）

　本書では，「助けて」と言えないことはその人の責任ではないことを強調しています。本節では，「助けて」と言えない人とその周囲にいる人々の，さらに外側にある物理的な環境について考えてみたいと思います。

(1)　実践7：「相談室のレイアウトの工夫」
実践の理論的背景と目的：
　理論的背景は心理臨床やカウンセリングにおける「構造」という見方です。「構造」として考え得る点はいくつかありますが，ここでは物理的環境を含む構造に焦点を当てます。妙木（2010）は1つの原則として「簡単に動かせるものは最後に動かす」ことを挙げ，動かしにくいものから順番に①場所，②位置，③姿勢，④身振り，を挙げています。さらに，この順番が構造を調整する際の優先順位であるとしています。
　スクールカウンセラーが場所（相談室の部屋）を変更することはほとんどありません。通常は学校内にすでにある相談室で活動を行います。したがって，多くの場合は部屋自体が固定された中で，家具のレイアウトや掲示物をどのように配置するかという点を考えることになります。
　位置について特に重要になるのは，カウンセリングを行う机・椅子でしょう。机が動かせない場合でも椅子を動かすことはできるので，妙木（2010）は「対称性」を考慮する重要性を述べ，空間心理学などの研究知見も紹介しています。学校内の相談室においても，机・椅子の配置は極めて重要であると考えます。
　カウンセラーの姿勢や身振りが重要であることはイメージしやすいかと思います。本節では，妙木（2010）の述べる場所や位置について考えてみます。
　ここで紹介する実践は実際に子どもや親と関わったものではなく，援助者自身の構造に対する考え方に焦点を当てて，臨床心理学を学ぶ大学院生（大学卒業後に進学した学生や教師などの有職者，社会人など），つまり援助者や援助者をめざす人同士で議論する活動です。したがって，この実践は実際に子どもを相手に行うというよりは，スクールカウンセラーなどの援助者自身が構造に

第6節 専門家（スクールカウンセラー）に相談しやすい環境づくりの実践（【タイプ5】）

関する自分の考え方を自己理解したり，他の援助者の意見を聞くことで発想を広げたりするトレーニングとして実施できます。

援助要請の心理からの実践の理解：

本実践は専門家でもスクールカウンセラーへの相談をためらう心理状態を和らげるための環境づくりについて考える実践（専門家養成のトレーニング）です。そのため，本実践を実際の中学校・高等学校などの相談室で活用する場合には，【タイプ5】の心理状態に対する予防的介入ということになります。

実践の経過と考察：

筆者はこの実践を半田（2006b）から着想しています。まず準備として，半田（2006b）を基に作成した図5-6を用意します。部屋はすでに決まっており，使用できる家具は，本棚（1つ），ソファーセット（ソファー用テーブル1個，ソファー2脚），テーブル（1個），椅子（4脚），です。そこで，「この学校では個別の相談もありますが，昼休みには開放して生徒が自由に来て過ごせるような運営方法を採用しています。子どもたちが過ごしやすい中学校の相談室のレイアウトを考えて，家具を配置してください。また，それぞれの配置の意図やねらいも記入してください。」という課題を出して，自分なりの相談室のレイアウトを考えてもらいます。

実際に配置したものを眺めると，入り口からの可視性を基に大きく3つの類型に分かれるようです。それら3つの例を図5-7に示します。

①は可視性が最も低く，机とソファーのどちらを入口側に置くかという違いはありますが，入り口からはほとんど見えない空間があります。②は少しだけ可視性がある配置です。これらの配置は個別の相談の際に見えないことで，秘密を保障することなどがその理由として挙げられました。③は中程度の可視性があり，机とソファーの置き方の違いはありますが，入口から一部見える空間の配置と言えます。最後に，④は最も可視性が高く，空間を区切らない配置と言えます。この配置の場合も机とソファーの置き方の違いはありますが，本棚で空間を区切らないように配置しています。③と④のような配置は見えない部分が多いと不安が高まることなどが理由に挙げられました。

なお，半田（2006b）は相談室に子どもたちが来やすくするためには，外から見えることと外から見えないことという2つの相反する条件に応える工夫が必要であると指摘しています。図5-7で言えば③が近く，実際に半田（2006b）

第5章 「助けて」と言わない（言えない）子どもへの援助

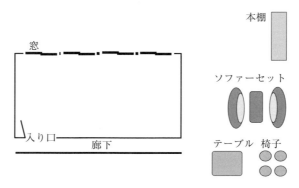

図5-6　相談室のレイアウトのワーク（半田，2006bを基に作成）

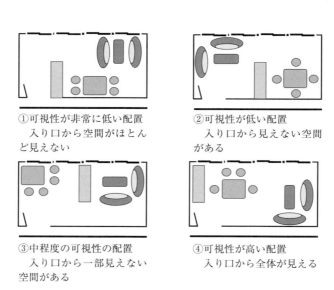

図5-7　ワークの回答例

は図5-8のようなレイアウトを提案しています。さらに，半田（2006b）はレイアウトのみでなく，休み時間に相談室を開放し遊びに来る子どもを待つ場合や初めて来談する子どもを待っている場合，不安の高い子どもを待っている場合などに，相談室の中から「どうぞ」と声をかけるとかえって入りづらくなることも考慮し，子どもが相談室に入りやすくするためにスクールカウンセラー

第6節　専門家（スクールカウンセラー）に相談しやすい環境づくりの実践（【タイプ5】）

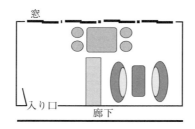

図5-8　半田（2006b）のレイアウト（半田，2006bを基に作成）

が待つ間の振る舞い方の工夫を挙げています。妙木（2010）の設定的要素を基に考えると、スクールカウンセラーの③姿勢と④身振りに意識を向けることになります。

　もちろん、スクールカウンセラーは相手にとっての環境の意味と同時に自分が動きやすい環境について考えることも重要であるので、それらのバランスも考慮しながら実際の相談室のレイアウトを決めていくことになります（半田，2006b）。また、スクールカウンセラーとして勤務する中では、学校から期待される活動内容が異なる場合があります。本節との関連で言えば、昼休みなどに相談室を開放して生徒と自由に関わるような自由来室活動を実施する学校と実施しない学校では相談室のレイアウトも変わってきます。したがって、唯一の正解はありませんが、さまざまなレイアウトの方法とそこでのカウンセラーの振る舞い方を援助者同士で意見交換することで、新たな発見や環境の見え方の広がりが得られると思うので、援助者のトレーニングとしても有用な実践であると筆者は考えます。

　ここで紹介した議論の結果は実際の相談室作りに役立ちます。そして、実際に部屋を作った後、利用する子どもたちと関わりながら、少しずつ変えていくことになります。とはいえ、子どもがいる昼休みの間に大掛かりな家具の移動は難しいので、妙木（2010）の言う姿勢、身振り、などを変えていくことが中心になるでしょう。実際には三次元的に環境を考えているので、そのような要素を含めて考えることができると面白いでしょう。例えば、学校や家具によっては耐震のためにここにしか置けない、ということもあります。その場合は、スクールカウンセラーにとっては相談室の部屋を変えることができないの

と同様に，動かせない環境を固定した上でどんな工夫を考えるか，という姿勢が求められます。

このような構造の設定的要素（妙木，2010）の中で可視性を意識すること（半田，2006b）が相談しやすい環境を考える上で重要になります。「助けて」と言えない子どもの姿を想像しながら可視性をコントロールすることで，スクールカウンセラーに相談しやすくなることにつながる可能性があります。

子どもたちの援助要請態度にもう少し関わろうとする際には，筆者はスクールカウンセラーの発行する通信で，相談室のレイアウトや図書・物品などを描いて紹介します。いくら良い相談室の環境を作っても，そこに来ない，来たことがない生徒にはメリットは少なくなります。まずは知ってもらい，興味を持ってもらうために，物理的環境自体を少し詳しく紹介することは重要であると考えます。

さらに，子どもたち（生徒会，保健委員会，自由来室活動によく来る生徒，など）と相談室のレイアウトを一緒に考える活動も援助要請態度に影響を与える可能性があります。レイアウトを考えることで子どもたちの相談室への関与を高め，自分たち（仲の良い数名の「自分たち」だけではなく，学校全体の生徒たちという意味で）が利用しやすい相談室を作っていく活動になるでしょう。生徒自身に相談しやすい環境についてアイディアを出してもらうことで，生徒同士でお互いの援助要請態度について考えるきっかけにもなると思います。その活動から子ども集団全体に援助要請に肯定的な雰囲気が出てきたり，それをお互いに認識し合ったりすると，「助けて」と言えない生徒も困ったときに相談しやすくなると期待されます（後藤・平石，2013）。

第7節　本章のまとめ

本章では，援助要請経路に基づく心理理解を踏まえて，援助要請の態度，意図・意志，行動への介入を意識して行った筆者の実践を紹介しました。できるだけ実際の様子を伝えながら，各実践における理論的な根拠を示しつつ解説しました。援助要請への介入は援助を必要としている個人を適切な援助資源に「つなげる」ための実践であり，「助けて」と言わない（言えない）個人とその人の問題状況にとって適切な援助資源の間に橋を架ける作業であると，筆者は

とらえています。

　留意したいのは，本章で紹介した実践は本当に想定した理論的背景と関連した上で効果的に援助要請に働きかけることができているかどうか，データを基に検証されていないことです。したがって，あくまで援助要請の理論に基づいた1つの実践の例としてお読みいただければと思います。また，実際の効果には，子どもと実践者（担任教師，スクールカウンセラーなど）の日頃の関係性などさまざまなものが影響するので，同じ実践方法であっても実践者が異なることで効果の現れ方も異なると予想されます。それらの限界を踏まえた上で，「助けて」と言えない子どもたちが必要なときに「助けて」と言いやすくなる環境や人間関係を広げていっていただければ幸いです。

第 6 章 子育ての悩みを「助けて」と言わない（言えない）親（保護者）への援助

第 1 節 本章の実践（間接的援助）の理論上の位置づけ

　第5章では，援助要請の理論と関連づけながら子どもを対象とした実践を紹介しました。それらの実践には，子どもの集団を対象とした実践や少人数または個別の子どもを対象とした実践もありました。いずれの実践も，子どもに直接的に援助したものを取り上げました。

　しかし，スクールカウンセラーなどの心理職の仕事は直接的な援助にとどまらず，間接的援助も多く行われています。間接的援助とは，例えば教師が担任している学級の不登校の子どもとの関わりについて困っているときに，スクールカウンセラーが話を聴いて具体的な援助方針と援助案を考えるような場合です（スクールカウンセラーと子どもの関係は教師を介した間接的なものになります）。専門的にはコンサルテーション[1]，または親を「自分の子どもの専門家」として尊重する姿勢（石隈，1999）を強調して，チーム援助[2]（石隈・田村，2003）と呼ばれます。

　本章では，間接的援助で行われた「助けて」と言わない（言えない）親の心理の理解と援助について取り上げます。具体的なイメージとしては，「教師，保育士，保健師，あるいは家族などの子育て中の親と関わる援助者が，子どもや親に援助が必要であると判断しながらも，親自身が援助を求めていない状況

---

[1] 教育領域におけるコンサルテーションは，異なる専門性や役割をもつ者同士が子どもの問題状況を検討し，今後の援助の在り方について話し合う作戦会議のことであり，コンサルタント（相談を受け，助言する側）は子どもを間接的に援助するとともに，コンサルティ（職業上の問題解決を望む側）の援助能力の向上を目的とする活動である（石隈，1999）。
[2] 「複数の援助者が，共通の目標をもって，役割分担しながら子どもの援助に当たること」である（石隈・田村，2003）。

第1節　本章の実践（間接的援助）の理論上の位置づけ

で困っている」という場面です。そのような状況で親と関わる援助者はどのように親の援助要請の心理を理解し、具体的な援助を創出できるかについて考えたいと思います。

本章で紹介する実践は援助要請経路を先に進む（右に進んで援助の必要がない状態になる、あるいは下に進んで援助要請する）ための援助がうまくいかない場合、つまり4ステップの支援方法でいえば第3ステップまでの支援ではうまくいかず、第4ステップの働きかけを考える必要がある場合も含めて、事例を通して解説します。

(1) 援助要請の心理理解から具体的な援助を生み出す考え方

本章では、個別事例の心理理解と援助について解説します。この点に関する詳細は第4章第5節をご覧ください。また、援助要請への介入の危険性を考察した第4章第6節も合わせてお読みください。本章で紹介する実践事例の心理

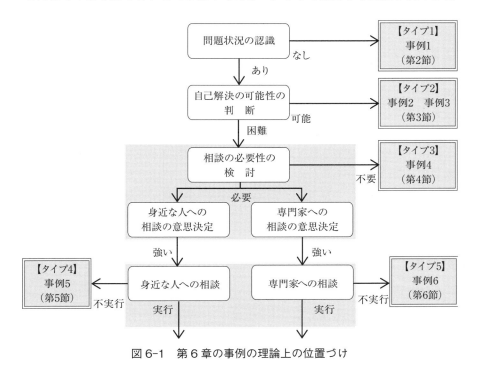

図6-1　第6章の事例の理論上の位置づけ

139

状態は，図6-1のようにとらえることができます。

また，第5章では筆者自身が直接子どもを援助する場面だったので，実践の雰囲気がより伝わるように意図して記述しましたが，本章では間接的援助で4ステップの支援方法の使い方が明確に伝わることを意図しています。そのため，第5章と第6章で記述方法を使い分けています。

(2) 本章の事例解説の特徴

本章で紹介する事例はすべて実際にあったものではなく，個人が特定されないため，そして援助要請の心理理解と援助（4ステップの支援方法）の実際が伝わりやすくなるように，複数の事例をまとめて改変したり援助の場面（保育，教育，母子保健など）を変えたりするなどしたため，架空の事例として示してあります。

また，本章では事例を提示し，援助要請の点から心理理解を行い，その理解に基づいて考え得る具体的な援助案を提案するという書き方をしており，援助案の結果は記述しません。そのような事例の記述になる理由が2つあります。1つは，コンサルテーションを行う場合，提案された援助案をどの程度行うかは直接対象者（子どもや親）と関わる援助者の判断が尊重され，援助案を取捨選択したり組み合わせたりして，より対象者のためになる援助を展開していきます。そのため，筆者自身の実践ではあくまで援助案の1つとして提案するにとどまるためです。もう1つの理由は，間接的な援助を実践する場合，その後どのように援助が展開され，対象者にどのような効果が見られたかを知る機会が得られないことがあるためです。

以上の理由より，本章で紹介する援助案は効果が確認されたものではなく，あくまで1つの方法としてお読みいただければと思います。

第2節　本人は困っていないが周囲が困っている場合（【タイプ1】）

援助要請の心理の理論に沿ってみると，最初の段階の「問題状況の認識」がない場合，援助要請しないことになります。「問題状況の認識」がない人すべてに援助が必要なわけではなく，本当に困っておらず楽しく自分らしく生活できている状態もあります。そのような人に相談の必要性を感じてもらうことは

不要です。しかし，例えば親が子どもの問題状況を認識することがなくても，援助者が客観的に観察して問題状況にある（潜在的ニーズがある）と判断することがあります。このような場合は援助の必要性が高くなります。

(1) 本人に問題意識はないが，周囲の人に問題意識がある場合

【タイプ1】では「本人に問題意識はないが，周りから見ていてほっておけない」，「本人に問題意識はないが，周囲の人が困っている」，という問題状況を生み出します。実際の保育・教育・母子保健などの現場では，このような場合に援助のしづらさを感じる方が多いのではないでしょうか。実際に，感情的・行動的問題（怒り，不安など）のリスクが高い幼児（平均5.47歳）の親の33%しか子どもの問題状況を認識していなかったという報告があります（Girio-Herrera, Owens, & Langberg, 2013）。つまり，子どもに潜在的ニーズがあるにもかかわらず，3分の1ほどの親はそのニーズに気づいていないということです。

親が子どもの「問題状況の認識」に乏しい場合，心理教育によって問題状況を適切に認識する力を高め，「本人のニーズを引き出す関わり」を行う必要があります。具体的な方法としては，保育所・幼稚園で発行する保護者向けの便りに乳幼児期によく見られる症状と対応を掲載する，学校で発行する保健室便りで心身の健康状態の自己理解を促す内容を掲載する，などが挙げられます。これらの方法はすでに多く行われていることであり，第4章で紹介したメンタルヘルスリテラシーを高める方法と同じ発想です。

(2) 家族内で問題状況の認識が異なる場合

子どもを取り巻く人間関係の中でも家族内で認識が異なる場合があります。ここでは，子どもに援助が必要であると思っている母親を援助者と位置づけて例示します。

【事例1】2歳男児の父親（夫），義母　援助者：母親
　子どもは自分のペースで遊んだり食事したりして言うことを聞かない。無理やり言うことを聞かせようとすると激しいかんしゃくを起こし，母親は毎日疲れ切っている。母親はインターネット上の情報をたくさん読むう

ちに次第に不安になり、「子どもの発達に何かあるんじゃないか」、「専門の人に見てもらった方がいいんじゃないか」と思い、家族にも話した。
　しかし、義母は「息子（夫）も小さいときこうだったからよく似ている。子どもはこんなものだ。心配ないよ。」と言い、夫も「小さいときの俺にそっくりだ。俺もこうやって問題なく生活できているし、気にしなくてもいいんじゃないか。」と母親の話に取り合ってくれない。

4ステップの支援方法：
<u>第1ステップ：援助要請の心理状態のアセスメント</u>
　事例1では、子ども本人に問題意識があるかどうかは分かりませんが、少なくとも本人なりに困っているためにかんしゃくを起こすなどしていると考えられます。母親は子どもの様子を心配に思っているものの家族にその認識がなく、家族内で温度差があるように見えます。そのため、夫と義母の心理状態は【タイプ1】であると考えられます。
　この事例がそうであるかは分かりませんが、発達障害のある子どもの親自身に発達障害の特性が強い場合、親自身と子どもが似ているために問題意識を持ちにくいことがあります。また、星野（2011）は発達障害の特性が親子で似ている場合に、親が自分を見ているようでイライラして子どもにきつく当たってしまう事例を挙げています。
　発達障害があってもなくても、多くの場合子どもは親に似てくるでしょう。この事例の場合は、母親が気になる子どもの行動が夫に似ていたこと、および夫が特に大きな困難なくこれまで生活できていることから、夫も義母も問題状況を認識しづらいと考えられます。しかし、父親が幼かった頃と子どもとでは環境が全く異なるため、子どもも同じようにうまく生活できるという保障はできないでしょう。何より、現に子どもが困っているのであれば何らかの援助を行う方が望ましいと思われます。そのため、父親（夫）と義母も母親の問題意識（「子どもが困っているのではないか」）を共有できるとよいと思います。
<u>第2ステップ：援助方針</u>
　考え得る援助方針としては「問題状況の認識」への働きかけであり、実際に母親はすでに夫と義母の「問題状況の認識」の段階に働きかけ、問題意識の共有を求めていると言えます。

第3ステップ：援助案

　母親が子どもの様子について，インターネットの情報を踏まえて認識した問題状況を夫や義母に話しますが，夫も義母も子どもの様子を問題状況にあるとは思っていないようです。

　ところで，「子どもの様子や行動が気になる」という問題意識の共有が難しいとしても，「母親自身が気になって仕方がない，子どもの世話に疲れ切っている」という問題状況は夫と義母との3者で共有できる可能性があります。母親が「私自身がこの子とどう関わっていけばいいか迷っているから，一度専門の病院に相談したい」という形で話し合うと，少しは家族の理解が得られるかもしれません。

　とはいえ，実際に【事例1】のような状況では，家族で問題意識が共有されていなくても，母親1人で子どもを連れて専門機関を来談することもあるでしょう。そして，専門的なケアを受けて子どもが生活しやすい環境作り（親の関わり方を含めて）を行い，子どもの気になる行動が次第に落ち着いてきて子どもが困ることも減り，前より元気になった子どもの姿を見ることで夫や義母からの理解を得ることができるようになることもあるでしょう。

　このように考えれば，家族で少なくとも1人（母親）に問題意識があることで専門機関とつながりやすいということです。とはいえ，親自身に専門機関の利用をためらう心理も働きます（第3章）。

第3節　本人は自己解決できていると思っているが周囲にはそう思えない場合（【タイプ2】）

　援助要請の心理の理論の第2段階は「自己解決の可能性の判断」です。自己解決できると考える人の多くは援助要請をしないでしょう。実際に，重大な問題状況ではない場合は，問題を棚上げし（高木，1997），援助の必要はないと考えます。しかし，本人が自己解決できていると思っていても周囲の人からはできてないように見える場合や，対処方法が不適切な場合には，何らかの援助が必要なことがあります。本節では，そのような場合に「つながる」ための援助方法を考えてみます。

(1) 問題状況が深刻ではないため対処が不要であると考える場合

　問題状況があると認識しても重大でも深刻でもないと判断しているものの，その判断が援助者から見ると心配な場合があります。

> 【事例2】3歳女児の母親　援助者：幼稚園教諭（担任）
> 　幼稚園に入園してから半年経つが，女児はほとんど話をしない。担任に話しかけられたときはうなずいたり，小さい声で「はい」「うん」「やだ」などと言ったりすることはあるが，他児に話しかけられると固まってしまい，それまで続けていた活動も止まってしまう。特に話しかけられなければ，他児の後を追いかけるようにして一緒に集団活動に参加できる。
> 　4月にこの幼稚園に着任し女児の担任となった幼稚園教諭は，女児がほとんど話をしないことによって友人が増えず，困ったときに自分の気持ちを言えなくなってしまうことを心配し，他児のように元気よく話をしてほしいと思っている。担任は4月からずっと気になっており母親に幼稚園の様子を伝えるが，母親は「家族で出かけたときには普通にしゃべっています」，「この子の姉も内弁慶なんです。先生がこの幼稚園にいらっしゃる前ですけど，姉もここに通っていて，幼稚園では大人しかったけど小学校に上がったらしゃべりましたし，自然としゃべるようになります」と言う。

4ステップの支援方法：
第1ステップ：援助要請の心理状態のアセスメント

　事例2では，幼稚園教諭が幼稚園での女児の様子を伝えることで，母親は問題状況を認識しています。しかし，認識した上で「自然と良くなる」とあまり深刻にとらえていないため，特段の対処が必要であるとは考えていないようです。そのため，現在の母親の対処，すなわち「小学校に上がる頃には良くなると考え，何もしない」という対処によって自己解決が可能であると判断している状態です。したがって，心理状態としては【タイプ2】にあてはまると考えられます。

　しかし，この事例の場合には選択性緘黙[3]の可能性が考えられます。幼稚園で話をしないことで子ども自身が困っている様子もありますので，幼稚園教諭から見れば何らかの援助が必要であると考えても不思議ではないでしょう。

第3節　本人は自己解決できていると思っているが周囲にはそう思えない場合（【タイプ2】）

<u>第2ステップ：援助方針</u>
　「自己解決の可能性の判断」に働きかけることで，現在の対処では自己解決が困難な可能性があることを考えてもらうとよいでしょう。
<u>第3ステップ：援助案</u>
　母親が現在の「特に何もしない（小学校に上がれば自然と話すから）」という対処方法の根拠は，「この子の姉が実際にそうだったから」という点にあります。事例1の場合と同様に，個人と環境の折り合いによってさまざまな問題状況が発生するため，援助者としてはたとえ姉が自然に話すようになったとしても，妹も同じ経過をたどるとは言い切れないでしょう。
　そこで，別の対処方法を提案したいが，「対処の必要がない」と考えている母親に何らかの対処方法を試してもらうことは難しいと考えられます。
<u>第4ステップ：さらなる援助案</u>
　対処法について話し合うことは難しいと思われるため，援助要請経路の段階を1つ戻り，「問題状況の認識」に働きかけることを考えます。
　母親は幼稚園教諭と同じく，問題状況を「子どもが幼稚園で話さず，他児に話しかけられると固まってしまう」と認識しているようです（幼稚園教諭の立場であれば直接母親に聞いて確認できるでしょう）。その上で，母親は「小学校に上がる頃には自然に良くなる」という見通しを持っているのに対し，幼稚園教諭は「友人が増えず，今の幼稚園生活を楽しめていないのではないか，今後はもっと困ることが増えるのではないか」という見通しを持っています。この違いによって母親と幼稚園教諭の「つながり」が作りにくくなっていると思います。
　そこで，新たな援助方針として，母親と問題状況を共有し潜在的ニーズを引き出すことを考えます。援助案としては，例えば幼稚園教諭から「現在の幼稚園生活で○○ちゃんは他の子どもの後について一緒に楽しく遊べています。でも，自分から『入れて』と言えずにいて，他の子にも気づいてもらえなくて悲しそうな顔をすることも毎日あります。私は担任として○○ちゃんに今の幼稚園生活をもっと楽しんでほしいと願っているので，少しだけ気楽におしゃべり

3）場面緘黙とも呼ばれ，家では普通に会話するが学校などの社会的場面で話すことができない状態であり，本人の意思で「話さない」のではなく，不安や緊張のために「話せない」と理解される症状である（かんもくネット・角田，2008）。

できることをめざしてお母さんとお話したいのですがよろしいでしょうか？」などと相談の場を設ける声かけができるかもしれません。

　問題意識は共有できているように見えても，その見通し（今後の自然な成り行き）に違いがあって「つながる」ことが難しい場合には，潜在的ニーズを引き出しながら問題状況の認識を共有することが役に立つと思います。

(2)　不適切な対処方法で自己解決できていると考える場合

　問題状況があると認識し，自分なりに対処して解決できていると思っていても，援助者から見ると対処方法が不適切に見えることがあります。そのような場合もやはり，援助につなぐ必要が生じます。

【事例3】3歳男児の母親，父親　援助者：保健師，保育士

　子どもは保育所で毎日のように他児を叩いたり蹴ったりしており，またじっとしていることができず，保育士の指示を聞かずに好き勝手に走り回っている。保育所では同年代の子どもと比べても明らかに行動の程度が激しいと見られている。健診で要経過観察となり，保健師が家庭訪問を行った。家での過ごし方を聞くと父親が「『うるせえぞ』って怒鳴りつけたり，『おい』と睨みつけたりすれば，すぐ黙って大人しくなる。それしかない」と言う。母親も，「子どもと2人のときは『お父さんに言うよ！！』と言えば一発で大人しくなります」と言う。

　保健師が保護者に了解を得て情報交換した保育士からの情報では，1年前に遠方から転居して入園した当初は父親も母親も子どもとどう接すればよいか悩んでおり，保育士から助言をもらいながら一生懸命関わっていたが，それでもうまくいかない中で現在のように力で抑えつけるようになっていったとのこと。園長は入園当初からこの家族を特に気にかけており，「きっと両親も慣れない土地での仕事や生活に余裕がないと思う。それに，別の方法があればそうしたいと思っているのではないか」と言う。

第3節　本人は自己解決できていると思っているが周囲にはそう思えない場合（【タイプ2】）

4ステップの支援方法：
第1ステップ：援助要請の心理状態のアセスメント
　本事例では力で抑えつけるような対処によって、親が認識している問題状況（家で乱暴である、指示を聞かない、など）を解決できていると判断しているようです。しかし、子どもにとって望ましい関わり方であるとは言えないでしょう。本事例の親の心理状態は【タイプ2】が最も近いようです。
第2ステップ：援助方針
　「自己解決の可能性の判断」に働きかけるために、自分なりの対処法を振り返り、別の対処法を試す中で子どもに合った関わり方を探すことが良いと思われます。
第3ステップ：援助案
　現状として、保健師や保育士は望ましい対処方法のアイディアは既に持っているかもしれません。「自己解決の可能性の判断」に働きかけるために子どもとの別の関わり方を提案したいものの、さまざまな助言を保育士からもらって取り組む中で問題状況が改善していない経緯もあり、別の対処方法をどのように伝えれば親が興味を持って聞いてくれるか分からないという状況でもあります。こうしたことを受けて、次のステップに進みます。
第4ステップ：さらなる援助案
　対処法について話し合うことが難しいようですので、援助要請経路の段階を1つ戻り、「問題状況の認識」に働きかける援助案を考えます。この事例の場合、家庭でも保育所でも共通して「子どもが乱暴である、指示を聞かない」という問題状況があります。さらに、保育士の話から親自身も自助努力を重ねてもうまくいかず、困り果てた結果として現在のような力で抑えつける対処になっているようです。
　そこで、親の自助努力の経緯にも共感を示しながら、「現在の対処方法では子どもは一時的には大人しくなるものの、同じ行動を繰り返してしまっている、親も毎日のように怒鳴りつけていて疲れてしまうのではないか」という問題状況を共有できるかどうかが鍵になるでしょう。親自身の対処の積み重ねがうまくいっていない点も問題意識として共有し、そこに親を責めるような気持ちを込めないことが重要です。

これらはあくまで援助案の一例ですが,【タイプ2】の心理状態の人と「つながる」ためには,1つ前の段階である「問題状況の認識」をいかに共有するかが重要になるでしょう。【タイプ1】も【タイプ2】も「困っていない」ために援助を求めないため,問題状況を共有する中で対象者の潜在的ニーズを引き出す関わりが重要になりそうです。

第4節　相談の必要性を感じてもらいたい場合（【タイプ3】）

　援助要請の心理の理論の第3段階は「相談の必要性の検討」です。多くの場合は,自己解決が難しければ誰かに相談しようと意思決定すると考えられます（高木,1997）が,それでも相談しようと思わない人には援助を届けることが非常に難しくなるでしょう。
　自己解決が困難でも援助を求めようと思わない人,つまり「助けてほしいと思わない」人の背景はさまざまに考えることができます。

(1)　相談したいと思えないほど疲弊し余裕がない場合

　親自身の経済状況などにより,現実として親自身が子育てに十分向き合う余裕がない家庭もあります（文部科学省,2010）。そのようなときには,たとえ子どもが学校でうまくいっていないと聞いても,改めて時間を取って学校に赴き相談しようと思えなかったり,「家庭訪問したい」という教師に応えるのがおっくうになったりするなど,親自身の疲労が勝って相談したいと思えないこともあるでしょう。そのような場合は「助けて」と言えるようにするよりも周囲の援助者から援助を提供していくことの方が重要な場合も多いのです。
　海保・田村（2012）は,子どもの問題状況によって精神的に不安定になっている親（保護者）とチームを組んで子どもの援助をする場合には,親の話を十分に聞いて親のカウンセリングニーズを援助すること,親を支える援助資源を増やすこと,先が見えるような具体的な援助案を示し援助者の方が実行すること,という3つを挙げています。これらの方法は,精神的に不安定になっている親自身に何かをしてもらう前に,まずは周囲の援助者が具体的な取り組みを親との合意を得ながら実行していく,つまり親を変えるのではなく周囲の援助者の取り組み方を変えていくという方法です。

(2) もともと相談すること自体を否定的に考えている場合

　援助要請態度がかなり否定的である（期待感が低く，抵抗感が強い）場合には，どんなに自己解決が困難であると判断しても援助を求めないでしょう。このような親はもともと援助者との「つながり」に否定的であると考えられるため，「つながり」を作ることに苦慮するかもしれません。かといって，そのまま放っておいても子どもの問題状況がますます悪くなっていく恐れもあります。援助者としては放っておけないとはいえ，援助を申し出ても断られるといった難しい状況になることが予想されます。

過去の援助要請経験，被援助経験の影響：

　援助要請態度には過去に援助を求めた結果満足したかどうかが影響します（Raviv et al., 2003）。特に中学生，高校生の子どもの親は，それまでの学校教師との関係の経験を長年にわたって持っています。過去に教師に相談した際に援助評価が低く「相談しなければよかった」と思っている場合，進学した先の学校でも教師への援助要請に期待感が低く，相談しようと思わなくなる可能性があります。反対に言えば，特に中学校，高校の教師は親の教師に対する援助要請の歴史を引き受けていくことが求められます。

　カウンセリングの場合では，来談者が過去にどのようなカウンセリングを受けてきたか，その体験をどのように自己理解し，今回新たにカウンセリングを受けに来たのか，前回のカウンセリングで役に立ったことは何か，などという来談者のカウンセリングを受けた歴史をていねいに聞いていくことがあります。はじめから教師に相談したいと思っていない親とのつながりを作るためには，このような関わり方も参考になるでしょう。

　ただし，重要なことは過去に対応した教師を悪者にしないことです。事実としてどのようなやり取りがあったのかは分かりませんので，あくまで「親が教師との相談経験を否定的に受け止めている」という体験を共有します。具体的には，親の話を聴く際に「その先生はどういうつもりで言ったのかは分かりませんが，お母さんはこう受け止めて，非常に傷ついたんですね。」などと，主語を明確にしていくとよいでしょう。このような関わりを重ねることで否定的な援助要請態度の変容が少しは期待できるかもしれません。とはいえ，母親にとっては教師に対して話しづらい話題かもしれませんので，スクールカウンセラーなどを勧めることも検討するとよいと思います。

また，第5章で援助要請態度が否定的な子どもには援助行動をしてもらう関わりを紹介しました。例えば，教師が母親から家での子どもの様子を教えてもらうことは，母親の「教える」という援助行動を引き出すことになります。母親にとって脅威にならない程度に家での子どもの過ごし方を教えてもらって感謝を伝え，子どもの理解に役立てていくという姿勢はチーム援助（石隈・田村，2003）とも共通します。

【事例4】中学1年生男子の母親（ひとり親家庭）　援助者：担任教師
　中学校で野球部に入ったが，体格が小柄なため体力的に練習についていけず部活が嫌になった。仲の良い友だちはみな野球部であり，励ましてくれるものの自分だけが練習についていけないことが情けなくなり，部活をやめた。その後は野球部で頑張っている友だちと遊ぶことを避けるようになり，次第に学校生活全般に意欲を失い，9月中旬から毎日欠席するようになった。
　欠席が3日間続いたある日，担任が家庭訪問して母親と話したところ，「無理に行かせたくないのでしばらく様子を見ます。」，「勉強は塾に行っていますし私も見ますから，大丈夫です。」と言い，担任が具体的に何かすることを快く思っていない印象すらあった。担任が「担任としてできることもしていきたいのですが」と言うと，「大丈夫です。うちの子は責任を持って見ます！」と語気を荒げたため，担任は今は積極的に関わるのは難しいと判断し，クラスの生徒に休み始めた頃の状況を聞きながら様子を見ている。
　子どもは小学5年生のときにも一時期不登校になったが，6年生からは登校していたため，新たに担任となった当時の教師も安心していた。しかし，クラスで過度なからかいや冷やかしを受けたり，学級のレクレーションでドッジボールをしたときに1人だけねらわれ続けてボールをぶつけられたりして，子どもが辛そうにしていた。
　子どもからその話を聞いて心配した母親が担任に相談したが，担任はこれらの件にまったく気づいていなかった。特に学級のレクレーションのときには担任もいたにもかかわらず子どもたちの様子に気づいていなかったため，母親は非常に憤り，「もう学校に行かせません！」と言って1週間

ほど学校を休ませたことがあった。そのときは校長と担任が謝罪しクラスに指導することで学校に通い始めたが，それ以来，母親は学校の教師を信頼しなくなったようである。

4ステップの支援方法：

第1ステップ：援助要請の心理状態のアセスメント

　問題状況の認識はあり，自己解決が困難であるという認識もあるようですが，過去の教師との関係で否定的な思いを強め，教師に相談したいとは思っていないようです。親の心理状態は【タイプ3】に該当すると思います。

　子どもの深刻な問題状況は親にとっても心理的な危機となります。そのため親が冷静になれず，感情的に不安定になることもあります。特に事例4の場合，過去に子どもが不登校になったこと，学校に復帰したばかりなのに他児の攻撃の対象になったこと，それを教師に注意深く発見してもらえなかったことで，子どものみならず母親自身も大きく傷ついた経験があります。そのような背景もあり，今回の欠席でさらに母親自身の感情が大きく揺さぶられたと想像されます。

第2ステップ：援助方針

　教師に対する援助要請意図を高めるために計画行動理論に基づいた3点からの関わり（援助要請態度の肯定化，周囲の他者からの勧め，行動の容易さの認識の向上）を行うことが良いと考えます。

第3ステップ：援助案

　まず考えられる援助方針は上述のとおりなのですが，母親の過去の体験にみられる心理的な傷つきを考慮すると，教師に対する援助要請態度はかなり否定的であり，援助要請意図を高めることは難しいと思われます。そのため，仮に援助要請行動を容易にできると認識したとしても，実際の行動にはつながらない可能性があります。周囲の他者から教師に相談するように勧めることについても，ひとり親家庭であり身近な人に子どものことを相談している様子もなく，勧められる機会もないことが予想されました。

第4ステップ：更なる援助案

　「つながる」ためには，1つ前の段階である「自己解決の必要性の判断」の共有が重要になるでしょう。しかし，この事例の母親は，特にいじめや不登校

といった問題状況に対して，教師への期待感が低いようです。そのため「自己解決の必要性の判断」以前に，「子どもが学校に登校していない」という問題状況自体に対して，「元気に学校に行けるようになる」という目標では，いきなりはつながりにくいかもしれません。そこで，1つ前ではなくさらにその前の「問題状況の認識」の部分で，母親と教師が共有できる部分を探すことが必要になります。

母親は「塾に行くし自分も見るから勉強は大丈夫」とは言うものの，本当にそう思っているのか，それとも教師に助けてほしくないために強がっているのか分かりません。いずれにしても，母親自身が子どもの学習面の遅れを心配していることは教師と共有できそうなので，「学校に行かないことで勉強が遅れることをお母様は心配されていて，お母様なりに工夫して努力されているのですね。」などと母親自身の問題状況の認識（学習の遅れの心配）と自己解決のための対処（塾に行かせること）を共有することはできそうです。そして，母親の対処でうまくいく部分は認めつつ，不十分と言うよりも「子どもにとってさらにあるとよい」部分を教師が補う（授業で使ったプリントを届ける，自習したプリントを採点する，定期テストの日程を伝える，など）という形で家庭訪問を続け，子どもと母親との関係作りを行っていく，という方法もあると思います。

注意したいのは，これはあくまで母親と「つながる」ための方法であり，子どものニーズは学習面のみではない可能性も十分にあります。そのため，子どもとの関わりにおいては子どもの自助資源も活かしながら（野球が好き，野球部に友だちがいる，など）教師との関係作りを行い，具体的な援助案を考えていく必要があります。

第5節　身近な人への相談をためらう場合（【タイプ4】）

実際には多くの母親が夫や実母など身近な人に相談しています。そのため，身近な人への相談をためらう親は割合としては少ないでしょう。しかし，相談内容によっては相談しづらいこともあると思うし，相談をためらう親の心理への配慮を忘れないことが重要であると考えます。

日常的に接する援助者（保育士，教師，など）は親が身近な人（夫，義父

母,実父母,など)に相談をためらう心理を有していることに気づきにくいことがあります。なぜなら,親自身がそのような心理を表明しないためです。「家族に相談できない,相談できる人がいない」と言うことは家族関係が良くないと言っているようで,世間体を気にして言いにくさを感じることがあるということです。

　しかし,特に子どもが乳幼児のうちは援助者が「家でご主人にこうしてもらうとよい」,「もっとご主人に手伝ってもらった方がよい」などと提案することもあると思います。このような提案を実行するには,母親が夫や実母などに「助けて」と言うことが必要です。言い換えれば,援助者の「ご主人にこうしてもらってはどうですか?」という提案は,母親のニーズに関して母親と父親の「つながり」を作る働きかけです。

　身近な人に「助けて」と言えない母親にとっては,このような援助者の提案は非常に実行しにくいでしょう。母親の方から「ちょっと無理です」などと言ってもらえればよいのですが,母親が援助者に遠慮して「やってみます」などと答えることもあり得ます。しかし,実行されないまま時間が流れると,援助者が「あのお母さん,言うこととやることが違っている」と思い,母親を責めたくなる心境に陥る可能性があります。

　このように,【タイプ4】の人と援助者が関わる中で,対象者と身近な人の「つながり」を作るようなアドバイスしたり提案したりする場合に,親の援助要請の心理に配慮していくとよりよいでしょう。

(1) 具体的な援助案を伝える際の工夫
カウンセリングにおける情報提供の技法:
　具体的な援助案を伝える働きかけは,日常的には「アドバイス」と呼ばれます。日常的な相談では具体的な問題解決のためのアドバイスが求められることも多いと思いますが,アドバイスの出し方には慎重さが必要です。筆者は教師などを対象とした研修会では,「良いアドバイスのコツはアドバイスしないことです」と伝えています。

　一般には,カウンセリングの中では対象者の主体性や自己決定が尊重されるため,「こうしなさい」というアドバイスは行いません。助言やアドバイスには上下の人間関係のイメージが伴いやすく,対象者に悪印象を与える恐れや一

方的な忠告になってしまうことさえあります（大谷，2004）。
　その代わりに「情報提供」の技法が用いられます（大谷，2004）。情報提供の技法は対象者に適切な情報を提示する技術であり，あくまでも対象者にとって有益な事実や知識を提供し対象者と援助者の信頼関係を深めるものでなければなりません（大谷，2004）。半田（2006a）は「○○しなさい」というアドバイスではなく，「○○ってどう思う？」という言い方でアイディアを提供する関わりを述べています。このような関わりによって，相手の意に沿わないときには断りやすくなる，相手自身に考えてもらうことを促し一緒に考える関係を作り出せる，という利点を挙げています。この姿勢は情報提供の技法の具体的な用い方として理解できるでしょう。日常生活での相談においても，このような姿勢があると良いと思います。
　筆者の場合は，アイディアを提供する際には「何を」するか（援助内容）を提案し意見を求めながら，「いかに」するか（実行可能な方法）を含めて一緒に話し合うという感覚で行っています。後者の「いかに」するかを考える際には相手の意見を多く取り入れることで実行可能性が高められ，アドバイスを一方的に押し付ける形になりにくいと考えています。

「援助を求めてみてはどうですか？」という提案の留意点：
　アドバイスではなく提案するという姿勢は，援助要請の心理に配慮した関わりをする上でも非常に重要になります。日頃から相手を尊重し実現可能な援助案の提案を積み重ねていくことで，対象者と援助者の信頼関係が育まれると期待できます。
　そして，その提案で，例えば援助者が母親に「ご主人に○○をお願いしてみてはどうですか？」といった「つながり」を作る働きかけを行う場合，さらに援助要請の心理に配慮した関わりが求められます。具体的には，母親の有する夫に対する援助要請態度を踏まえて実行可能な方法を考えていくことが必要です。
　具体的には，援助者が何らかの援助案を提案する際に，「お父さんに○○してもらえるといいのですが，そういうことってお母さん，頼めそうですか？」，「おばあちゃんに○○してもらえるといいのですが，もしお母さんがそう言ったらしてくれそうですか？」などと聞くことを筆者は勧めています。あまり踏み込んで家族関係のことを聞く必要はありませんし，保育士や教師の立場では

聞きにくいこともあると思うので，聞ける範囲に限定して家族の反応をどう予想するかを聞きます。これらの質問によって母親が身近な人に援助要請することの期待感（「言えばやってくれると思います！」）や抵抗感（「夫も帰りが遅くなると機嫌が悪いので，ちょっと頼みづらいです」）が語られると，期待感を踏まえて援助案を実行するように励ましたり，抵抗感に配慮した別の実行方法を一緒に考えたりしていく展開になるでしょう。

このような聴き方にはいくつかの利点があります。まず，提案された援助案が素晴らしいものであり母親もぜひ実行したいと思っても，実行する方法が見つからなければ役立たなくなってしまいます。例えば，「夫も忙しくて帰ってからも自分の部屋で仕事をしているから，頼んでもやってくれないと思う」などと母親が言えば，今度は夫への頼み方や別の方法を一緒に考えることができます。このように「何をするか」という援助内容と一緒に，「どう実行するか」という取り組み方も母親と一緒に考えることができると，より実行しやすくなるでしょう。

一方で，提案された援助内容に母親が納得できない場合，親の中には教師との信頼関係を悪くしないために，教師に「○○してみたらどうですか？」と言われたとき，「あまりうちの子には合わないかも」と思っても「そうですね，ありがとうございます。」と言ってしまうこともあるでしょう。提案した援助案が良いかどうかの判断に，「人間関係を悪くしたくない」という思いや「せっかく言っていただいているのに申し訳ない」という思いが影響する可能性があるためです。ここで紹介した方法を用いることで，母親に支援を押しつけず，配慮しながら一緒に考える姿勢がより伝わりやすくなります。信頼関係を作る上でも良い影響を与えると思います。

(2) 身近な人への相談をためらう心理に配慮した情報提供の工夫

> 【事例5】8歳男児（長男）と6歳女児（妹）の母親　援助者：幼稚園教諭
> 　ある日，母親が6歳の子ども（妹）の降園時に小学校2年生の兄（長男）のことを担任の幼稚園教諭に相談した。この担任は兄が幼稚園にいたときにも担任をしており，きょうだい2人ともよく知っていたため，母親が相談したようであった。

母親は夕食が終わると6歳の妹と一緒に入浴し，布団の中で妹は絵本を読んでほしいとせがむため，母親は毎日絵本の読み聞かせをして寝かしつけている。しかし，長男は夕食後に母親が妹につきっきりになることを良いことに1人でゲームを始め，いつまでもやめない。母親は娘の世話をするために長男の相手をする余裕がなく，妹が寝てから長男を大声で叱り，お風呂に入らせている。

　このようなやり取りが毎日のように続き，母親はイライラしながら妹に絵本の読み聞かせをするため妹も楽しめていない様子であり，また時々妹に「そろそろ1人で寝なさい!!」と怒鳴って泣かせてしまい，後悔することがある。

　夫（父親）は家族の夕食時には帰宅していることが多いものの，夕食後は1人で入浴し自分の部屋にこもってしまうため，子どもの世話をほとんどしていない。母親が長男を叱ってほしいと言っても，「宿題はしているみたいだから，好きにさせておけ」と言って夫から関わろうとしない。

　幼稚園教諭は母親の苦労を労い，今のところ妹に幼稚園では変わった様子はないことを伝えつつ，「ご主人にもお母さんの苦労をもっと分かってもらって，長男か妹のどちらかの世話を手伝ってもらえるといいですね」，とアドバイスをした。母親は「そうですよね…。わかりました。」と言ってその日は帰宅した。

　その後，母親からは何も話がなかったが，2週間ほどして幼稚園教諭の方から様子を聞いたところ，母親は「やっぱり，ダメです。変わっていません」と暗い表情を見せた。話を聞くと，夫に相談したいとは日頃から思っているものの，結局頼めず，同じような毎日を我慢して過ごす中でまた子どもたちにきつく当たってしまい，落ち込むことが多いとのことだった。

4ステップの支援方法：

<u>第1ステップ：援助要請の心理状態のアセスメント</u>

　この事例では，幼稚園教諭のアドバイスを母親が実行しなかったことについて，どのような提案の仕方がより良かったのかを考えたいと思います。母親がアドバイスを受けても夫に相談していない背景には，相談の必要性は感じつつ

も相談できない心理状態があると考えられます。そのため，母親の心理状態は【タイプ4】に該当すると思われます。幼稚園教諭のアドバイスをもらって「相談したい」という思いが芽生えたのではなく，その前からずっと夫に相談したいと思っていたが相談できずにいた可能性が高いでしょう。

<u>第2ステップ：援助方針</u>

　夫への援助要請態度を肯定化すること（期待感を高め，抵抗感を低めること），あるいは抵抗感に配慮しながら何らかの提案をすることが行われると良いと考えられます。

<u>第3ステップ：援助案</u>

　母親が夫への相談をためらう心理に配慮した関わりが必要です。第4章第5節で紹介した「相談できる力」を引き出すカウンセリングや，援助要請の抵抗感に配慮したカウンセリングの方法が参考になるでしょう。

　具体的には，幼稚園教諭が何らかの提案（情報提供）を行う際に，父親に要請する援助内容とともに，その実行方法についても聞いていきます。まず，幼稚園教諭から提案する前に母親に「このことについて，ご主人に何かお願いしてみたことはありますか？」と尋ねることで，母親が行った夫への援助要請行動とその結果について整理する関わりを持ち，同時に母親の援助要請態度を探ることができます。もし母親が夫に何か依頼したものの手伝ってもらえなかったとすれば，その方法はうまくいかない可能性が高いと思われますので，別の方法を考えて提案（情報提供）していくことができます。

　夫に要請する援助内容について，幼稚園教諭は「ご主人にもお母さんの苦労をもっと分かってもらって，兄か妹のどちらかの世話を手伝ってもらえるといいですね」という言い方をしましたが，より具体的にしてほしいことを伝えた方が良いでしょう。例えば，「お母さんが妹を寝かしつけている間に，兄のゲームをやめさせてお風呂に入るように言ってもらう」，などの提案が考えられます。

　また実行方法については，「こういうことをご主人にお願いしたら，ご主人は何と言いそうですか？」，「ご主人にこういうことを頼んだら，してもらえそうでしょうか？」，などという形で，夫に援助要請行動を行った結果を予想してもらいます。母親からの言葉に援助要請態度が反映されてくると思われますので，その期待感や抵抗感に配慮しながら具体的な援助内容と実行方法を母親

と一緒に考えていくとよいと思います。

このように，「援助要請をしてみてはどうですか？」という提案をする場合には，援助要請態度への関わりを忘れずに行うことで実行可能性が高められることと思います。

第6節　専門家への相談をためらう場合（【タイプ5】）

親自身が問題意識を持っていたために教師が親に専門機関を勧めたものの，踏ん切りがつかずに時間だけが過ぎ，子どもの問題状況が大きくなっているような場合，親の専門家への相談をためらう心理を理解することが重要です。

(1)　専門機関への相談の勧め方

学校で専門機関を勧めることには，非常に慎重な配慮が求められます。勧められたこと自体で親が「うちの子に問題があると言うのか」と怒りや傷つきを覚えることがあるためです。半田（2007）はこのような親の心情に理解を示しながら，スクールカウンセラーが親に専門家を勧める際の2つの注意点を取り上げています。1つは，「心配だから，問題が大きいから」と強調するのではなく，「子どもの役に立つかもしれないから」という姿勢で勧めることです。もう1つは，「周りの子どもが困っている，授業の進行が妨げられて困っている」などではなく，「子ども本人が○○ということで困っている」ことをスクールカウンセラー自身が子どもからていねいに聞き取り，親に説明することです。どちらも親や子どもを悪者にすることなく，「子どものために専門機関を受診することを勧める」というスクールカウンセラーの意図が親に伝わりやすい言い方であると思います。

(2)　専門家への相談をためらう場合

【事例6】高校2年生女子の母親　援助者：教師（担任），養護教諭
　　真面目で責任感が強い生徒が自宅でリストカットをしていることを知った母親が担任に相談した。生徒は最近よく保健室にも行っていたため，養護教諭も含めて3人で話し合いを行った。

学校での生徒との関わり方の共通理解を図った上で，養護教諭は「とても良いお医者さんとカウンセラーがいて，しっかりと話も聴いてくれるので，一度行くといいと思いますよ」と地域の精神科病院を紹介した。養護教諭は以前にもリストカットしていた生徒に勧めた精神科の病院でとてもよく診てもらえてリストカットも治まったことがあったため，その病院を信頼していた。母親はその話を聞き，「主人にも相談してみて，考えてみます」と言い，その日の相談は終わった。
　担任や養護教諭は生徒の話をよく聴く対応を続けたものの，しばらくしてから生徒が学校に来なくなり，自宅でのリストカットも続いているようであったため母親の動揺も大きくなり，再度担任と養護教諭の3人で相談した。母親が精神科病院への受診を夫と相談した際には，「役に立つなら行ってみればいい」と言われたが，母親として精神科病院の受診に抵抗があり，まだ行っていないということだった。

4ステップの支援方法：
第1ステップ：援助要請の心理状態のアセスメント
　専門家への援助要請意図は高いものの行動はしていないため，【タイプ5】であると思われます。特に教師には自ら相談できているものの，精神科病院の受診には至っていないため，専門家への援助要請態度の影響が強いと考えられます。
第2ステップ：援助方針
　専門家への援助要請態度を肯定化することが主な方針となります。
第3ステップ：援助案
　本事例の親と専門家を「つなぐ」ためには，「専門家への相談の意思決定」の段階をていねいに共有し（「お父さんもお母さんも，一度病院に行って診てもらうこと自体は必要だと思っているのですね」），その上で親自身の専門家への援助要請の抵抗感をていねいに聞く姿勢が良いと思います（「そうは思っても，いざ行こうとなると，いろいろと心配したり行きづらく思ったりするんですね。実際に精神科に行くとなると，お母さんとしてはどんなことが心配ですか？」）。
　予想される抵抗感として親への脅威，子どもへの脅威，専門家への信頼とい

う3点を念頭に置きながら（飯田ほか，2006），母親自身が感じている抵抗感を中心に聴きます。例えば，海保・田村（2012）は，心の病[4]のことで精神科を受診する場合には「まだ子どもなので精神的な薬を飲ませたくない」という親の気持ちを自然な反応として挙げています。このような場合には，無理に説得するのではなく，副作用の可能性と今の子どものつらさを比較してどちらが子どもにとって重要かを考えたり，病院を受診した際に薬を飲ませたくないことを伝えるように提案したりできます（海保・田村，2012）。また，精神科へのスティグマ[5]が強く影響している場合であれば，精神科医が輪番で勤務する精神保健福祉センターを「健康診断もやっているところで目立ちませんから，安心して行ってください」と紹介することもできます（海保・田村，2012）。

このように，援助要請態度の抵抗感やスティグマに配慮するような具体的な関わりをしていくことが必要になります。第4章で示した図4-5にあてはめると，図6-2のようになります。

第7節　本章のまとめ

本章では，「助けて」と言わない（言えない）親の姿を例示しながら，その心理の理解と援助の方法について解説してきました。重要なことは，援助要請をしないからといって，必ずしもすべての人に援助が必要であるとは限らないということです。また，援助要請の心理への介入においては，援助者や周りの人（子どもにとっての親など）の判断が適切ではないために余計な援助を押しつけてしまったり，援助者や周りの人自身の感情状態の影響を強く受けて（小宮，2007），必要のない援助をし続けてしまったりする危険性が常にあることを忘れずにいることも大切です。

本章で提案した関わりがすべてうまくいくかは分かりませんし，援助要請の心理への関わりのみですべての問題状況が解決するわけではありません。しかし，本章では「助けて」と言わない（言えない）親と何らかの形でつながるための具体的方法の考え方を例示できたのではと思います。特に，本章では「助けて」と言わない（言えない）親自身を変えようとするのではなく，親の援助要請の心理を理解することを通してつながりが作れる部分を見出していくこ

4）海保・田村（2012）の原文では「心の病気」である。
5）海保・田村（2012）の原文では「偏見」である。

第7節　本章のまとめ

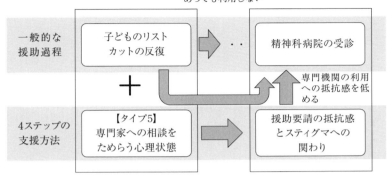

図6-2　事例6における援助過程

と，つまり「助けて」と言わない（言えない）人に合わせてこちらの関わり方を変えることの重要性を伝えることができたのではないかと思っています。

　援助要請の心理を理解して子どもや親とつながることができれば，教師，保育士，保健師などの専門性をさらに発揮しやすくなり，子どもも親も問題状況から抜け出すことが期待されます。本章で解説した援助要請の心理の理解に基づく間接的な援助とは，そのような個人同士をつなぐ橋を架ける作業であると思います。したがって，第5章のような直接的な援助に限らず，間接的な援助においても活用し得る理論と方法であると筆者は考えます。

【第 3 部】
総 括 編

第 7 章　援助要請の
　　　　　カウンセリング

第 1 節　援助要請のカウンセリングの課題

　本書で紹介した，援助要請の理論に基づいた具体的な関わり方は，援助要請のカウンセリングと言えるものです。援助要請の心理学に基づいたカウンセリング技法はいまだ体系化されていませんが，本書ではその一例を示すことができたと思っています。

　筆者は現在のところ援助要請のカウンセリングを，「対象者個人と環境の双方に働きかけることによって，最適な援助要請行動と機能的な援助要請行動を促進し，問題状況の解消をめざす援助方法」ととらえています。本章では，援助要請のカウンセリングの体系化に向けた研究・実践上の課題を明確にし，今後の方向性を示したいと思います。

(1)　援助要請行動の最適な状態の明確化

　援助要請行動が過少でもなく過剰でもなく「最適な」状態とは，理論上は「自分1人で解決できない問題状況においては援助要請し，自分1人で解決できる問題状況においては援助要請せずに解決する」ということになります。最適な援助要請行動をめざす方向性は図 7-1 のように表現できるでしょう。

　しかし，「自己解決できるかどうか」という判断は主観的であり，その判断が客観的にも適切であったかどうかを評価することは困難です。ある人にとっては自己解決が困難で援助を求めたとしても，その周囲の人から見れば「あの人はそれくらい自分でできるはず」と思うこともあり得ます。さらに，自己解決の可能性の判断を適切に行うこと自体が難しいことも予想されます。

　自分にとって最適な状態をめざせばよいと言えますが，その結果，生活集団の中で「援助を求めすぎる人，甘えすぎる人」などと見られることは，結局は

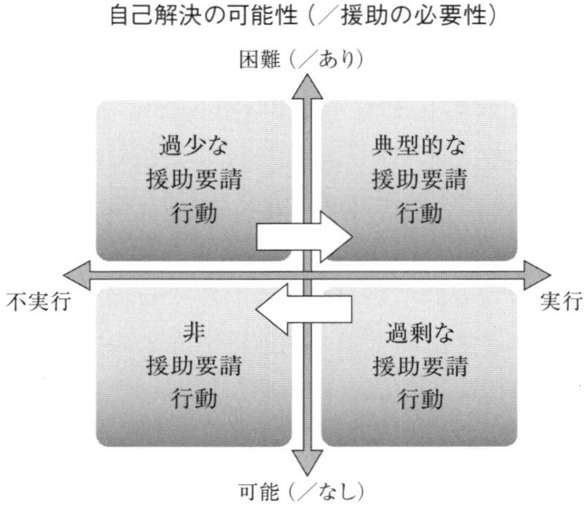

第 1 節　援助要請のカウンセリングの課題

自己解決の可能性（／援助の必要性）

困難（／あり）

| 過少な援助要請行動 | 典型的な援助要請行動 |

不実行　←　　　　　　　　→　実行

| 非援助要請行動 | 過剰な援助要請行動 |

可能（／なし）

図 7-1　最適な援助要請行動をめざす介入の方向性
（DePaulo（1983）；Nadler et al.（1991）；Newman（2008）を基に作成）

個人に望ましくない影響をもたらすかもしれません。もちろん，人間の心理は援助要請以外にもさまざまな側面があるので，「最適な援助要請行動とはどのような状態か」を明確にするとともに，「最適な援助要請行動がもたらすものは何か」という両面から考えていくことが必要でしょう。

(2)　過剰な援助要請行動に関する研究と実践

　本書では，過少な援助要請行動の状態にある人が最適な援助要請行動に近づくための研究と実践を紹介してきました。過剰な援助要請行動に関する研究は依存的援助要請として行われていますが，悩みや心の病に関する援助要請行動の研究と実践の多くはサービスギャップ（Stefl & Prosperi, 1985）を重要な課題としているため，過少な援助要請行動に関する研究が大半です。

　子どもと親の過剰な援助要請行動に対して，日常的にどのような関わりを行うとよいかについて，今後研究と実践を重ねることが必要でしょう。また，他者に頼る行動が極端に多く生じている場合は，パーソナリティの病理などの点から検討されることがあります。援助要請の観点からの研究も蓄積されることで，最適な援助要請行動に近づくための実践方法の提案にもつながることが期待されます。

(3) 援助要請への介入に伴う課題

大きく3つが挙げられます。第1に,介入において考慮すべき留意点,言い換えれば倫理や危険性があります（第4章第6節）。本来はこれらの可能性を十分に検討し対策を練った上で介入研究を行うことが必要と思いますが,残念ながらこれらの危険性についてはまだ十分に検討されているとは言えません。援助要請への介入の危険性や倫理的配慮を考察する際に,本章の第2節で紹介する動機づけ面接法の倫理的考察が参考になるでしょう。

第2に,介入の効果と理論的背景の関連性（介入の妥当性）です。第5章,第6章では,援助要請の心理の流れのモデルに基づいて援助要請の心理状態を理解し,その上でいくつかの理論的背景を示しながら解説しました。しかし,理論的に妥当な関わりであったかどうかをよく吟味する必要があります。本書では援助要請の心理の流れを本田（2014）に基づいて理解しましたが,この理論モデル自体の妥当性も検証を重ねる必要があると考えています。

第3に,臨床的課題に即した援助要請への介入です。第2章第3節,第3章第3節で紹介したように,現代社会で子どもも親もさまざまな問題状況に直面し,時には非常に深刻な状況に陥ることがあります。このような状況においてこそ他者の援助が必要であると思われますが,実際には「助けて」と言わない（言えない）こともあるでしょう。このような問題状況において,援助要請のカウンセリングが大きく貢献できる可能性があります。現状としては,十分な研究や実践の積み重ねはありません。第5章,第6章で援助要請以外の理論的背景を踏まえた実践もあるように,すでに行われている関わり方を援助要請の心理からとらえ直すことで援助要請に焦点を当てた関わり方の本質が見えてくることが期待されます。

(4) 機能的な援助要請行動の理論と実践の課題

最適な援助要請行動という考え方が援助要請行動の量の適切さを意味するのに対し,機能的な援助要請行動とは質の適切さを意味します。本書では,機能的な援助要請行動に関する研究として援助評価と援助要請スキルを紹介しました。

さらに,第4章で少し触れましたが,機能的な援助要請行動は個人のスキルアップのみで得られるものではなく,周囲にサポートをしてくれるような人間

関係があって初めて機能的になります。本書では「助けて」と言えない人の責任にしないことを強調していますが、たとえ援助要請スキルを高めてもその人の置かれた環境によっては機能的にはなり得ないので、「助けて」と言えない人の援助要請スキルが低くても個人の責任に転嫁しない姿勢が不可欠です。

　本書では紹介していませんが、筆者は中学生、高校生、大学生向けに援助要請スキルを高めるためのワークブックを作成し実践して、効果を検証しています。

第2節　援助要請と他の理論との統合の可能性

　本書では「助けて」と言わない（言えない）心理を援助要請の研究と実践からとらえて紹介してきました。このような問題意識は援助要請以外の概念からも検討されており、それらの研究成果やカウンセリングの技法と援助要請の研究成果を組み合わせることで、より良い心理理解と援助の方法が創造されるでしょう。そこで、本節では援助要請研究と近い問題意識を扱っている理論と援助要請の統合の可能性を考察します。

(1)　**動機づけ面接法と援助要請**

　動機づけ面接法はもともとアルコールや薬物関連の障害の治療に用いられてきましたが、次第にさまざまな心の病や生活習慣病を患っている人が治療を受けることを納得してもらうためにも効果があることが分かってきました（Miller & Rollnick, 2002　松島・後藤訳　2007）。動機づけ面接法とは「どうしてこの人は変わらないのか」という気持ちを抱く場面で用いられ、相手の考え方や行動が変わることを促す技法として効果を発揮します（原井, 2010）。

　動機づけ面接法は、基本的に援助者（カウンセラーなど）は意見を押しつけずに協働作業のパートナーとして話し合い、強制したり教え込んだりせずに本人の力を引き出し自律性を尊重することで、自分の目標や価値観に沿って内側から変化できるように援助する方法です（Miller & Rollnick, 2002　松島・後藤訳　2007；Rollnick, Miller & Butler, 2008　後藤・荒井訳　2010）。

　援助要請への介入は援助要請行動を行わない（動機づけが低い）個人の行動変化を試みることを目標としているため、動機づけ面接法を実施する対象者と

共通する部分が多いと考えられます。

　深刻な問題状況にあって「助けて」と言わない（言えない）人の動機づけを高めて専門家への受診を勧めるためには，援助要請の心理を踏まえながら動機づけ面接法を行うことが有効である可能性があります。

　実際に援助要請と動機づけ面接法を統合した研究として，「ジェンダーに基づいた動機づけ面接法」の開発が試みられています（Syzdek, Addis, Green, Whorley, & Berger, 2014）。この方法では，特に男性が専門的援助を求めないことに注目し，男性を対象に研究が行われています。結果としては抑うつや不安などの症状の改善は見られましたが，援助要請の態度，意図，行動への効果は不十分なものであり，今後さらに研究を行う必要があります。しかしながら，援助要請と動機づけ面接法の統合を試みる先駆的な研究と言ってよいでしょう。

　なお，動機づけ面接法は対象者本人の望みを変える方法であるため倫理的な考察が欠かせないと考えられており，倫理に関する4つの指針が紹介されています（Miller & Rollnick, 2002　松島・後藤訳　2007）。筆者は，援助要請への介入を考える際にも動機づけ面接法における倫理的考察は非常に参考になると考えます。

(2)　コミュニティアプローチと援助要請

　援助要請研究は援助が必要な人（ニーズの高い人）と適切な援助との「つながり」を作ることをめざしています。このような発想はコミュニティ心理学の考え方（山本，1986）と非常によく合うと考えられます。

　コミュニティ心理学に基づく実践にはさまざまなものがありますが，援助要請研究との統合がすでに行われている領域があります。

専門家同士の連携：

　コンサルテーションやコラボレーション[1]においては，異なる立場の専門家同士（教師とスクールカウンセラーなど）の話し合いが行われるため，「専門家が異なる立場の専門家に援助を求める」という援助要請行動によってコンサルテーションが始まります。このような形式の援助要請研究には，看護師を対

---

1) 援助が必要な対象者の周囲の専門家同士がつながり，対象者へのより良い援助を行うことであり，協働とも呼ばれる（駒屋，2011）。

象とした心理援助の専門家に対する援助要請の研究が行われています（大畠，2010；大畠・久田，2009，2010）。また，水野（2014）は学校におけるチーム援助を促進するための研究として，チーム援助志向性という概念に基づく研究と実践を紹介しています。

なお，第6章で紹介した実践はコンサルテーションなどの他職種の連携に援助要請の心理を活かした実践と言えます。

アウトリーチ：

第3章で援助を拒否する親の心理への関わりとして紹介しましたが，「助けて」と言わない（言えない）人が「助けて」と言いやすくするための関わりではなく，援助者から積極的に援助を届けに行く活動がアウトリーチです。アウトリーチにおいては，援助者に対する養育者（親など）の攻撃的な態度には「怒りを見立てる」姿勢，拒否的な態度には「ニーズの引き出し」が求められます（高岡，2011）。個人ではなくまずは環境側を変えることで，対象者のニーズを満たしていくアプローチです。

アウトリーチは最悪のケースとなる子ども虐待死亡事例を防ぐために最も必要であると同時に，最も困難を極めるアプローチであると考えられています（高岡，2008）。アウトリーチが特に必要な対象者は自ら援助を求めないことが多く，より良いアウトリーチを行う際に対象者の心理理解として援助要請研究の成果が大いに貢献できるでしょう。子どもと親の援助要請の点から考えると，子ども虐待へのアウトリーチに関する研究（千賀，2011，2012；高岡，2013）と援助要請研究の統合の可能性が非常に高いと考えられます。

第3節　本章のまとめ

本章では，第1章から第6章で解説した内容を踏まえ，援助要請のカウンセリングの開発に向けた課題をまとめました。援助要請の心理は，人と人が出会い関わり合う中で日常的に意識されるものでしょう。専門家にとっては援助すること自体を仕事としているため，常に対象者の援助要請の心理と向き合っていると言っても過言ではありません。援助を求めることに抵抗のない人や自律的に最適な水準で援助要請行動が行える人もいますが，本書でこれまで述べてきたように「助けて」と言わない（言えない）人，そして援助を求めすぎる人

第7章 援助要請のカウンセリング

への援助を展開していく上で，援助要請研究の更なる発展が望まれます。

　援助要請とは，援助の必要性が高いにもかかわらず「助けて」と言わない（言えない）人と適切な援助資源（身近な人や専門家）の間の「つながり」を作ることに関する心理です。本書で紹介した援助要請のカウンセリングは，この両者に「つながり」の橋を架ける作業であると筆者は考えています。「助けて」と言わない（言えない）人と，「助けて」が届かない周囲の人々や社会の双方に意識を向けながら必要な「つながり」の橋をていねいに作っていくことを望み，考えていこうと思います。

引用文献

阿部聡美・水野治久・石隈利紀（2006）．中学生の言語的援助要請スキルと援助不安，被援助志向性の関連 大阪教育大学紀要第Ⅳ部門 教育科学, **54**, 141-150.

相川　充（1989）．援助行動 大坊郁夫・安藤清志・池田謙一（編）社会心理学パースペクティブ1 個人から他者へ 誠信書房 pp.291-311.

相川　充・佐藤正二（2006）．実践！ソーシャルスキル教育 中学校――対人関係能力を育てる授業の最前線―― 図書文化

Ajzen, I. (1991). The theory of planned behavior. *Organizational Behavior and Human Decision Processes*, **50**, 179-211.

淺野敬子（2011）．犯罪被害者の援助要請行動に関する研究の概観――性犯罪被害者における援助要請行動の要因―― 武蔵野大学大学院言語文化研究科・人間社会研究科研究紀要, **1**, 61-66.

朝日新聞教育チーム（2011）．いま，先生は 岩波書店

Benenson, J. F., & Koulnazarian, M. (2008). Sex differences in help-seeking appear in early childhood. *British Journal of Developmental Psychology*, **26**, 163-169.

ベネッセ教育総合研究所（2010）．第2回子ども生活実態基本調査報告書 ベネッセ教育総合研究所 <http://berd.benesse.jp/berd/center/open/report/kodomoseikatu_data/2009/pdf/data_05.pdf>（2014年4月29日）

ベネッセ教育総合研究所（2011）．第4回子育て生活基本調査（小中版）ベネッセ教育総合研究所 <http://berd.benesse.jp/berd/center/open/report/kosodate/2011/hon/index.html>（2014年4月29日）

Bergstrom, R., Najdowski, A. C., & Tarbox, J. (2012). Teaching children with autism to seek help when lost in public. *Journal of Applied Behavior Analysis*, **45**, 191-195.

Bussing, R., Zima, B. T., Gary, F. A., & Garvan, C. W. (2003). Barriers to detection, help-seeking, and service use for children with ADHD. *Journal of Behavioral Health Service & Research*, **30**, 176-189.

Ciarrochi, J., Wilson, C. J., Deane, F. P., & Rickwood, D. J. (2003). Do difficulties with emotions inhibit help-seeking in adolescence? : The role of age and emotional competence in predicting help-seeking intentions. *Counseling Psychology Quarterly*, **16**, 103-120.

Cluver, A., Heyman, G., & Carver, L. (2013). Young children selectively seek help when solving problems. *Journal of Experimental Child Psychology*, **115**, 570-578.

Corrigan, P. W. (2004). How stigma interferes with mental health care. *American*

Psychologist, 59, 614-625.

Corrigan, P. W., & Penn, D. L. (1999). Lessons from social psychology on discrediting psychiatric stigma. *American Psychologist*, 54, 765-776.

Deane, F. P., Wilson, C. J., & Russell, N. (2007). Brief report: Impact of classroom presentations about health and help-seeking on rural Australian adolescents' intentions to consult health care professionals. *Journal of Adolescence*, 30, 695-699.

Del Mauro, J. M., & Williams, D. J. (2013). Children and adolescents' attitudes toward seeking help from professional mental health providers. *International Journal of Advancement of Counselling*, 35, 120-138.

Dempster, R., Wildman, B., & Keating, A. (2013). The role of stigma in parental help-seeking for child behavior problems. *Journal of Clinical Child and Adolescent Psychology*, 42, 56-67.

DePaulo, B. M. (1983). Perspectives on Help Seeking. In B. M. DePaulo, A. Nadler, & J. D. Fisher (Eds.), *New Directions in Helping*. Vol. 2. *Help-seeking*. New York: Academic Press. pp.3-12.

D'Zurilla, T. J. (1986). *Probrem-solving therapy: A social competence approach to clinical intervention.* New York: Springer Publishing Company.
（中田洋二郎・椎谷淳二・杉山圭子（訳）丸山　晋（監訳）（1995）．問題解決療法――臨床的介入への社会的コンピテンス・アプローチ――　金剛出版）

江村里奈（2006）．トラブルの解決策を考えよう　相川　充・佐藤正二（編）実践！ソーシャルスキル教育 中学校――対人関係能力を育てる授業の最前線――　図書文化 pp.78-79.

遠藤由美（1999）．自尊感情　中島義明・安藤清志・子安増生・坂野雄二・繁桝算男・立花政夫・箱田裕司（編）心理学辞典　有斐閣 pp.343-344.

Fischer, E. H., & Farina, A. (1995). Attitudes toward seeking professional psychological help: A shortened form and considerations for research. *Journal of College Student Development*, 36, 368-373.

藤井　薫（2000）．知的障碍者家族が抱くスティグマ感――社会調査を通して見たスティグマ化の要因と家族の障害受容――　社会福祉学, 41, 39-47.

藤川　麗（2011）．エンパワメント　日本心理臨床学会（編）心理臨床学事典　丸善出版 pp.484-485.

藤本　到・水野治久（2014）．中学生の学校への登校維持要因――教師に対する信頼感・ソーシャルサポート・被援助志向性からの検討――　大阪教育大学紀要　第Ⅳ部門 教育科学, 62, 119-129.

Garland, A. F., & Zigler, E. F., (1994). Psychological correlates of help-seeking attitudes among children and adolescents. *American Journal of Orthopsychiatry*,

64, 586-593.
Girio-Herrera, E., Owens, J. S., & Langberg, J. M. (2013). Perceived barriers to help-seeking among parents of at-risk kindergarteners in rural communities. *Journal of Clinical Child & Adolescent Psychology*, 42, 68-77.
後藤綾文・平石賢二（2013）．中学生における同じ学級の友人への被援助志向性——学級の援助要請規範と個人の援助要請態度，援助不安との関連—— 学校心理学研究, 13, 53-64.
Gulliver, A., Griffiths, K. M., Christensen, H., & Brewer, J. L. (2012). A systematic review of help-seeking interventions for depression, anxiety and general psychological distress. *BMC Psychiatry*, 12 (81) <http://www.biomedcentral.com/1471-244X/12/81>（2012 年 10 月 11 日）
濱口佳和・笠井孝久・川端郁恵・木村史代・中澤 潤・三浦香苗（1996）．「いじめ」現象についての子どもたちの認識——架空のエピソードに対する自由記述データの分析—— 千葉大学教育学部教育相談研究センター年報, 13, 25-44.
半田一郎（2004）．学校心理士によるカウンセリングの方法 石隈利紀・玉瀬耕治・緒方明子・松永裕希（編）講座「学校心理士—理論と実践」2 学校心理士による心理教育的援助サービス 北大路書房 pp.152-163.
半田一郎（2006a）．学校の日常とカウンセリング1 アドバイスではなくアイディアを 月刊学校教育相談, 20 (5), 77-81.
半田一郎（2006b）．学校の日常とカウンセリング8 相談室への子どもの出入りをスムーズに 月刊学校教育相談, 20 (13), 100-104.
半田一郎（2007）．学校の日常とカウンセリング11 医療機関・専門機関を勧める 月刊学校教育相談, 21 (3), 76-80.
半田一郎（2009）．子どもが活用するスクールカウンセラーと自由来室活動 石隈利紀（監修）水野治久（編）学校での効果的な援助をめざして——学校心理学の最前線—— ナカニシヤ出版 pp.125-134.
原田正文（2003）．今緊急に求められる，「親育て」プログラムの実践 <http://homepage3.nifty.com/NP-Japan/siryo/ima-harada.pdf>（2012 年 9 月 2 日）
原井宏明（2010）．抵抗に遭わない面接技法! ——動機づけ面接の基礎と実践—— 子どもの健康科学, 10 (2), 3-7.
長谷川啓三（2003）．学校臨床のヒント (Vol.1) 集団守秘義務の考え方 臨床心理学, 3, 122-124.
橋本 剛（2012）．なぜ「助けて」と言えないのか？——援助要請の社会心理学—— 吉田俊和・橋本 剛・小川一美（編）対人関係の社会心理学 ナカニシヤ出版 pp.145-166.
久田 満（2000）．社会行動研究 2——援助要請行動の研究—— 下山晴彦（編）臨床心理学研究の技法 福村出版 pp.164-170.

本田真大（2009）．中学生の援助要請行動と学校適応に関する研究――援助評価の検討―― 平成20年度筑波大学大学院人間総合科学研究科博士論文
本田真大（2012）．友だちとケンカして落ち込んでいる子 児童心理, 956, 56-60.
本田真大（2014）．援助要請への介入に関する理論的検討（1）――援助要請行動の生起過程に基づく介入モデルの提案―― 日本コミュニティ心理学会第17回大会発表論文集, 54-55.
本田真大（2015）．幼児期，児童期，青年期の援助要請研究における発達的観点の展望と課題 北海道教育大学紀要 教育科学編, 65（2）, 45-54.
本田真大・新井邦二郎（2008）．中学生の悩みの経験，援助要請行動，援助に対する評価（援助評価）が学校適応に与える影響 学校心理学研究, 8, 49-58.
本田真大・新井邦二郎（2010）．幼児をもつ母親の子育ての悩みに関する援助要請行動に影響を与える要因の検討 カウンセリング研究, 43, 51-60.
本田真大・新井邦二郎・石隈利紀（2008）．中学生の悩みの深刻さ，援助要請時に受けた援助，受けた援助の期待との一致，援助評価と学校適応の関連の検討 筑波大学心理学研究, 36, 57-66.
本田真大・新井邦二郎・石隈利紀（2009）．中学生の悩みの相談の実態――相談経験の有無，悩みの深刻さ，相談時期からみた援助要請行動の特徴―― 日本学校心理学会第11回大会発表論文集, 13.
本田真大・新井邦二郎・石隈利紀（2010）．援助要請スキル尺度の作成 学校心理学研究, 10, 33-40.
Honda, M., Arai, k., & Ishikuma, T.（2010）. Investigation of the factor structure model for the Help-Seeking Skills Scale for Adolescents: Towards the development of preventive education through group social skills training to promote the use of consulting services. *6th World Congress of Behavioral and Cognitive Therapies*, 102.
本田真大・新井邦二郎・石隈利紀（2011）．中学生の友人，教師，家族に対する被援助志向性尺度の作成 カウンセリング研究, 44, 254-263.
本田真大・本田泰代（2014）．小学生の援助要請意図に対する親の知覚に関する探索的検討――援助要請感受性の概念化の試み―― 北海道教育大学紀要 教育科学編, 65（1）, 167-173.
本田真大・石隈利紀（2008）．中学生の援助に対する評価尺度（援助評価尺度）の作成 学校心理学研究, 8, 29-40.
本田真大・石隈利紀・新井邦二郎（2009）．中学生の悩みの経験と援助要請行動が対人関係適応感に与える影響 カウンセリング研究, 42, 176-184.
本田真大・三鈷泰代・八越 忍・西澤千枝美・新井邦二郎・濱口佳和（2009）．幼児をもつ母親の子育ての悩みに関する被援助志向性の探索的検討――身近な他者と専門機関に相談しにくい理由の分析―― 筑波大学心理学研究, 37, 57-65.

堀越　勝・野村俊明（2012）．精神療法の基本――支持から認知行動療法まで―― 医学書院
星野仁彦（2011）．発達障害を見過ごされる子ども，認めない親 幻冬舎
House, J. S. (1981). *Work stress and social support*. Resding, MA: Addison-Wesley.
飯田敏晴・金沢吉展・井上孝代（2006）．学生の保護者における専門機関への来談に対する態度尺度作成の試み 日本教育心理学会第48回大会発表論文集, 401.
石川信一（2013）．子どもの不安と抑うつに対する認知行動療法――理論と実践―― 金子書房
石隈利紀（1999）．学校心理学　誠信書房
石隈利紀（2008）．秘密保持と情報の共有 児童心理 2008年4月号臨時増刊, 69-75.
石隈利紀（2009）．一人の援助がみんなの援助 苦戦している子どもへの援助が学校を変える（第4回）苦戦する子どもたちへの援助の枠組み 月刊学校教育相談, 23(8), 42-45.
石隈利紀・小野瀬雅人（1997）．スクールカウンセラーに求められる役割に関する学校心理学的研究――子ども・教師・保護者を対象としたニーズ調査の結果より―― 文部科学省科学研究費補助金・研究成果報告書
石隈利紀・田村節子（2003）．石隈・田村式援助シートによるチーム援助入門――学校心理学・実践編―― 図書文化
伊藤ゆたか・犬塚峰子・野津いなみ・西澤康子（2003）．児童養護施設で生活する被虐待児に関する研究（1）――現状に対する子どもの否定的思いについて―― 子どもの虐待とネグレクト, 5, 352-365.
岩井邦夫（2006）．序章 岩井邦夫・高橋道子・高橋義信・堀内ゆかり（共著）グラフィック乳幼児心理学 サイエンス社 pp.1-23.
井澤信三・霜田浩信・小島道生・細川かおり・橋本創一（2008）．ちゃんと人とつきあいたい――発達障害や人間関係に悩む人のためのソーシャルスキル―― エンパワメント研究所
自殺対策支援センターライフリンク（2013）．自殺実態白書2013 自殺対策支援センターライフリンク <http://www.lifelink.or.jp/hp/Library/whitepaper2013_1.pdf>（2014年5月3日）
Jorm, A. F., Korten, A. F., Jacomb, P. A., Christensen, H., Rodgers, B., & Pollitt, P. (1997). 'Mental health literacy': A survey of the public's ability to recognize mental disorders and their beliefs about the effectiveness of treatment. *Medical Journal of Australia*, **166**, 182-186.
Jorm, A. F. (2000). Mental health literacy: Public knowledge and beliefs about mental disorders. *British Journal of Psychiatry*, **177**, 396-401.
海保博之・田村節子（2012）．養護教諭のコミュニケーション――子どもへの対応，保護者・教師間連携のポイント―― 少年写真新聞社

金山元春（2006）．心があたたかくなる言葉かけ 相川　充・佐藤正二（編）実践！ソーシャルスキル教育 中学校——対人関係能力を育てる授業の最前線—— 図書文化 pp.66-67.
金沢吉展（1998）．カウンセラー——専門家としての条件—— 誠信書房
金沢吉展（2006）．臨床心理学の倫理を学ぶ 東京大学出版会
かんもくネット（2008）．角田圭子（編）場面緘黙 Q&A——幼稚園や学校でおしゃべりできない子どもたち—— 学苑社
笠井孝久・濱口佳和・中澤　潤・三浦香苗（1998）．教師のいじめ認識 千葉大学教育実践研究, 5, 87-101.
木村真人・水野治久（2008）．大学生の学生相談に対する被援助志向性の予測——周囲からの利用期待に着目して—— カウンセリング研究, 41, 235-244.
木南千枝（2005）．学校内適応指導教室としての別室登校の試み 臨床心理学, 25, 27-33.
小池春妙・伊藤義美（2012）．メンタルヘルス・リテラシーに関する情報提供が精神科受診意図に与える影響 カウンセリング研究, 45, 155-164.
駒屋雄高（2011）．コラボレーション 日本心理臨床学会（編）心理臨床学事典 丸善出版 pp.486-487.
小宮　昇（2007）．人はなぜカウンセリングを受けたがらないか 水野治久・谷口弘一・福岡欣治・小宮　昇（編）カウンセリングとソーシャルサポート——つながり支えあう心理学—— ナカニシヤ出版 pp.162-186.
小貫　悟・東京 YMCA ASCA クラス（2009）．LD・ADHD・高機能自閉症へのライフスキルトレーニング 日本文化科学社
厚生労働省（2011）．心もメンテしよう——若者を支えるメンタルヘルスサイト—— <http://www.mhlw.go.jp/kokoro/youth/>（2011 年 8 月 1 日）
厚生労働省（2013）．平成 24 年（2012）人口動態統計（確定数）の概況 <http://www.mhlw.go.jp/toukei/saikin/hw/jinkou/kakutei12/index.html>（2014 年 5 月 12 日）
國清恭子・水野治久・渡辺　尚・常盤洋子（2006）．人工妊娠中絶を受ける女性の援助不安と心のケアに関する研究 KITAKANTO Medical Journal, 56, 303-312.
國清恭子・大江田奈瑠美・中島久美子・兼子めぐみ・大和田信夫・常盤洋子（2003）．人工妊娠中絶に対する看護者の葛藤 群馬保健学紀要, 24, 43-51.
黒沢幸子・森　俊夫・元永拓朗（2013）．明解！スクールカウンセリング——読んですっきり理解編—— 金子書房
Kushner, M. G., & Sher, K. J. (1989). Fear of psychological treatment and its relation to mental health service avoidance. *Professional Psychology Research and Practice*, **20**, 251-257.
Lee, J., Friesen, B. J., Walker, J. S., Colman, D., & Donlan, W. E. (2014). Youth's

help-seeking intentions for ADHD and Depression: Findings from a national survey. *Journal of Child and Family Studies*, 23, 144-156.

Liang, B., Goodman, L., Tummala-Narra, P., & Weintraub, S.(2005). A theoretical framework for understanding help-seeking processes among survivors of intimate partner violence. *American Journal of Community Psychology*, 36, 71-84.

松井　豊（1997）．攻撃と援助　堀　洋道・山本眞理子・吉田富士雄（編著）新編 社会心理学　福村出版　pp.170-187.

松井　豊（2001）．書評　社会心理学研究, 16, 193-194.

松浦正一（2013）．男性支援者が女子被害者に支援を行ううえでの臨床姿勢　藤森和美・野坂祐子（編）子どもへの性暴力――その理解と支援――　誠信書房　pp.123-134.

McCart, M. R., Smith, D. W., & Sawyer, G. K.(2010). Help seeking among victims of crime: A review of the empirical literature. *Journal of Traumatic Stress*, 23, 198-206.

Miller, W. R., & Rollnick, S.(2002). *Motivational Interviewing: Preparing people for change.*（2nd ed.）New York, NY: Guilford Press.
　　（ミラー，W. R. & ロルニック，S. 松島義博・後藤　恵（訳）（2007）．動機づけ面接法 基礎・実践編　星和書店）

南　隆男・稲葉昭英・浦　光博（1987）．「ソーシャルサポート」研究の活性化に向けて――若干の資料――　哲学, 85, 151-184.

三藤祥子・笠井孝久・濱口佳和・中澤　潤（1999）．いじめ行為の評価と分類　千葉大学教育実践研究, 6, 191-200.

宮本信也（2005）．軽度発達障害の子どもたち　下司昌一・石隈利紀・緒方明子・柘植雅義・服部美佳子・宮本信也（編）現場で役立つ特別支援教育ハンドブック　日本文化科学社 pp.17-36.

宮本信也（2010）．発達障害と不登校　東條吉邦・大六一志・丹野義彦（編）発達障害の臨床心理学　東京大学出版会 pp.243-254.

宮田八十八・石川信一・佐藤　寛・佐藤正二（2010）．児童における社会的問題解決訓練用尺度の開発と訓練の効果　行動療法研究, 36, 1-14.

水野治久（2007）．中学生が援助を求める時の意識・態度に応じた援助サービスシステムの開発　文部科学省科学研究費補助金・研究成果報告書

水野治久（2012）．中学生のスクールカウンセラーに対する被援助志向性を高めるための介入プログラムの開発　文部科学省科学研究費補助金・研究成果報告書

水野治久（2014）．子どもと教師のための「チーム援助」の進め方　金子書房

水野治久・石隈利紀（1999）．被援助志向性，被援助行動に関する研究の動向　教育心理学研究, 47, 530-539.

水野治久・山口豊一（2009）．中学生の情動コンピテンスとスクールカウンセラーに

対する被援助志向性の関連 日本教育心理学会総会発表論文集, 51, 707.
水野治久・山口豊一・石隈利紀（2009）．中学生のスクールカウンセラーに対する被援助志向性――接触仮説に焦点をあてて―― コミュニティ心理学研究, 12, 170-180.
Mo, P. K. H., & Mak, W. W. S.（2009）. Help-seeking for mental health problems among Chinese: The application and extension of the theory of planned behavior. *Social Psychiatry and Psychiatric Epidemiology*, 44, 675-684.
文部科学省（2009）．教師が知っておきたい子どもの自殺予防 文部科学省 <http://www.mext.go.jp/b_menu/shingi/chousa/shotou/046/gaiyou/1259186.htm>（2011年2月23日）
文部科学省（2010）．生徒指導提要
文部科学省（2012）．通常の学級に在籍する発達障害の可能性のある特別な教育的支援を必要とする児童生徒に関する調査結果について 文部科学省 <http://www.mext.go.jp/a_menu/shotou/tokubetu/material/1328729.htm>（2014年4月29日）
文部科学省（2013）．平成24年度「児童生徒の問題行動等生徒指導上の諸問題に関する調査」結果について 文部科学省 <http://www.mext.go.jp/b_menu/houdou/25/12/1341728.htm>（2014年4月29日）
森口竜平（2010）．青年期における感情効力感と心理的適応との関連 発達研究, 24, 155-166.
森田明美（2008）．10代の出産・子育ての現状と福祉的支援の課題 思春期学, 26, 134-139.
森田明美（2012）．10代母親の現状と支援の課題――共感的な支援を地域につくりだす―― 月刊福祉, 95(13), 40-45.
村上 隆・伊藤大幸・行廣隆次・谷 伊織・平島太郎・安永和央（2014）．アセスメントツールを用いることの重要性(1)――数値化することの意味―― 辻井正次（監修）明翫光宜（編集代表）松本かおり・染木史緒・伊藤大幸（編集）発達障害児者支援とアセスメントのガイドライン 金子書房 pp.21-29.
妙木浩之（2010）．初回面接入門――心理力動フォーミュレーション―― 岩崎学術出版社 pp.49-74.
Nadler, A., Lewinstein, E., & Rahav, G.（1991）. Acceptance of mental retardation and help-seeking by mothers and fathers of children with mental retardation. *Mental Retardation*, 29, 17-23.
永井 智・新井邦二郎（2005）．中学生における悩みの相談に関する調査 筑波大学発達臨床心理学研究, 17, 29-38.
永井 智・新井邦二郎（2007）．利益とコストの予期が中学生における友人への相談行動に与える影響の検討 教育心理学研究, 55, 197-207.

内閣府政策統括官（共生社会政策担当）（2012）．子ども・子育てビジョンに係る点検・評価のための指標調査　共生社会政策統括官　少子化対策 <http://www8.cao.go.jp/shoushi/ cyousa/cyousa23/vision/index_pdf.html>（2012年9月2日）

内藤孝子・山岡　修（2007）．LD等の発達障害のある人たちの教育から就業に向けた課題，必要な支援とは──全国LD親の会・会員調査から──　LD研究, **16**, 214-230.

中根允文・吉岡久美子・中根秀之（2010）．心のバリアフリーを目指して──日本人にとってのうつ病，統合失調症──　勁草書房

中岡千幸・兒玉憲一・栗田智未（2012）．カウンセラーのビデオ映像が学生の援助要請意識に及ぼす影響の実験的検討　学生相談研究, **32**, 219-230.

南部さおり（2011）．不審な体のけが，不自然な食べ方などの兆候　児童心理, **940**, 56-60.

Newman, R. S. (2008). Adaptive and nonadaptive help seeking with peer harassment: An integrative perspective of coping and self-regulation. *Educational Psychologist*, **43**, 1-15.

Newman, R. S., & Murray, B. J. (2005). How students and teachers view the seriousness of peer harassment: When is it appropriate to seek help? *Journal of Educational Psychology*, **97**, 347-365.

Newman, R. S., Murray, B., & Lussier, C. (2001). Confrontation with aggressive peers at school: Students' reluctance to seek help from the teacher. *Journal of Educational Association*, **93**, 398-410.

NHKクローズアップ現代取材班（2010）．助けてと言えない──いま30代に何が──　文藝春秋

新見直子・近藤菜津子・前田健一（2009）．中学生の相談行動を抑制する要因の検討　広島大学心理学研究, **9**, 171-180.

西谷美紀・桜井茂男（2006）．児童の援助要請行動尺度作成の試み　日本学校心理学会第8回大会発表抄録集, 22.

野坂祐子（2013a）．子どもへの性暴力による被害の実態　藤森和美・野坂祐子（編）子どもへの性暴力──その理解と支援──　誠信書房 pp.3-16.

野坂祐子（2013b）．保護者に対する心理教育　藤森和美・野坂祐子（編）子どもへの性暴力──その理解と支援──　誠信書房 pp.87-101.

小田切紀子（2005）．離婚家庭の子どもに関する心理学的研究　応用社会学研究（東京国際大学大学院社会学研究科）, **15**, 21-37.

大河原美以（2004）．怒りをコントロールできない子どもの理解と援助──教師と親のかかわり──　金子書房

大河原美以（2006）．ちゃんと泣ける子に育てよう──親には子どもの感情を育てる義務がある──　河出書房新社

大畠みどり（2010）．看護師用援助要請意図尺度の作成 カウンセリング研究, 43, 212-219.
大畠みどり・久田　満（2009）．看護師における心理専門職への援助要請に対する態度——態度尺度の作成と関連要因の検討—— 上智大学心理学年報, 33, 79-87.
大畠みどり・久田　満（2010）．心理専門職への援助要請に対する態度尺度の作成——信頼性と妥当性の検討—— コミュニティ心理学研究, 13, 121-132.
岡本正子・薬師寺順子（2009）．子ども虐待を捉える基本的視点 岡本正子・二井仁美・森　実（編著）教員のための子ども虐待理解と対応——学校は日々のケアと予防の力を持っている—— 生活書院 pp.11-51.
奥山眞紀子（2010）．子どもの心の診療拠点病院機構推進事業有識者会議資料 厚生労働省 <http://www.mhlw.go.jp/shingi/2010/07/s0730-4.html>（2011年5月8日）
太田　仁・高木　修（2011）．親の援助要請態度に関する実証的・実践的研究 関西大学社会学部紀要, 42, 27-63.
太田沙緒梨（2011）．心理教育 日本心理臨床学会（編）心理臨床学事典 丸善出版 pp.500-501.
大谷　彰（2004）．カウンセリングテクニック入門 二瓶社
Raviv, A., Raviv, A., Edelstein-Dolev, Y., & Silberstein, O. (2003). The gap between a mother seeking psychological help for her child and for a friend's child. *International Journal of Behavioral Development*, 27, 329-337.
Raviv, A., Raviv, A., Propper, A., & Fink, A. S. (2003). Mothers' attitudes toward seeking help for their children from school and private psychologists. *Professional Psychology: Research and Practice*, 34, 95-101.
Raviv, A., Sharvit, K., Raviv, A., & Rosenblat-Stein, S. (2009). Mothers' and fathers reluctance to seek psychological help for their children. *Journal of Child and Family Studies*, 18, 151-162.
Reder, P., & Duncan, S. (1999). *Lost Innocents: A follow-up study of fatal child abuse*. Routledge.
　（レイダー，P・ダンカン，S. 小林美智子・西澤　哲（監訳）（2005）．子どもが虐待で死ぬとき——虐待死亡事例の分析—— 明石書店）
Rickwood, D. J., Cavanagh, S., Curtis, L., & Sakrouge, R. (2004). Educationg Young People about mental health and mental illness: Evaluating a school-based programme. *International Journal of Mental Health Promotion*, 6(4), 23-32.
Rickwood, D. J., & Braithwaite, V. A. (1994). Social-psychological factors affecting help-seeking for emotional problems. *Social Science & Medicine*, 39, 563-572.
Rizo, C. F., & Macy, R. J. (2011). Help seeking and barriers of Hispanic partner violence survivors: A systematic review of the literature. *Aggression and Violent Behavior*, 16, 250-264.

Rollnick, S., Miller, W. R., & Butler, C. C.(2008). *Motivational interviewing in health care*. New York, NY: Guilford Press.
　(ロルニック，S・ミラー，W. R.・バトラー，C. C. 後藤　恵(監訳)後藤　恵・荒井まゆみ(訳)(2010).動機づけ面接法実践入門——あらゆる医療現場で応用するために—— 星和書店)
Saarni, C.(1999). *The development of emotional competence*. New York: The Guilford Press.
　(サーニィ，C. 佐藤　香(監訳)(2005).感情コンピテンスの発達 ナカニシヤ出版)
齋藤万比古(2009).発達障害が引き起こす二次障害へのケアとサポート 学研
境　泉洋(2007).ひきこもり状態にある人の受療を促進するための支援 水野治久・谷口弘一・福岡欣治・小宮　昇(編)カウンセリングとソーシャルサポート——つながり支えあう心理学—— ナカニシヤ出版 pp.89-100.
鈴木伸一・神村栄一(2005).坂野雄二(監修)実践家のための認知行動療法テクニックガイド——行動変容と認知変容のためのキーポイント—— 北大路書房
佐々木政人(1991a).離婚の実態と家族ストレスⅡ——離婚・離別母子家庭のストレス—— 日本社会事業大学社会事業研究所年報, **27**, 103-123.
佐々木政人(1991b).離婚の実態と家族ストレスⅢ——単身の母親の問題対処資源・能力(コーピング)と離婚後の生活適応—— 日本社会事業大学社会事業研究所年報, **27**, 124-137.
佐藤美和・渡邉正樹(2013).小学生の悩みとそれに対する援助要請行動の実態 東京学芸大学紀要 芸術・スポーツ科学系, **65**, 181-190.
佐藤正二・相川　充(2005).実践!ソーシャルスキル教育 小学校——対人関係能力を育てる授業の最前線—— 図書文化
佐藤正二・佐藤容子(2006).学校におけるSST実践ガイド——子どもの対人スキル指導—— 金剛出版
千賀則史(2011).虐待ケースにおける児童相談所と保護者の関係性形成のプロセスについて 子どもの虐待とネグレクト, **13**, 387-395.
千賀則史(2012).児童相談所における関係性に焦点を当てた家族再統合プログラム——サインズ・オブ・セイフティを活用して—— 子どもの虐待とネグレクト, **14**, 58-66.
生島　浩(2009).学校臨床の現場から SEEDS出版 pp.264-267.
嶋田洋徳・坂井秀敏・菅野　純・山﨑茂雄(2010).中学・高校で使える人間関係スキルアップ・ワークシート——ストレスマネジメント教育で不登校生徒も変わった!—— 学事出版
下山晴彦(2003).アセスメントとは何か 下山晴彦(編)よくわかる臨床心理学 ミネルヴァ書房 pp.34-35.

総務省統計局 (2013). 平成 24 年度福祉行政報告例 厚生労働省 <http://www.e-stat.go.jp/SG1/estat/List.do?lid=000001115458> (2014 年 4 月 29 日)
Srebnik, D., Cause, A. M., & Baydar, N. (1996). Help-seeking pathways for children and adolescents. *Journal of Emotional and Behavioral Disorders*, 4, 210-220.
Stefl, M. E. & Prosperi, D. C. (1985). Barriers to mental health service utilization. *Community Mental Health Journal*, 21, 167-178.
Syzdek, M. R., Addis, M. E., Green, J. D., Whorley, M. R., & Berger, J. L. (2014). A pilot trial of gender-based motivational interviewing for help-seeking and internalizing symptoms in men. *Psychology of Men & Musculinity*, 15, 90-94.
田上不二夫 (1999). 実践スクールカウンセリング――学級担任ができる不登校児童・生徒への援助―― 金子書房
田嶌誠一 (2009). 現実に介入しつつ心に関わる――多面的援助アプローチと臨床の知恵―― 金剛出版
高木 修 (1997). 援助行動の生起過程に関するモデルの提案 関西大学社会学部紀要, 29, 1-21.
高橋 史・小関俊祐・嶋田洋徳 (2010). 中学生に対する問題解決訓練の攻撃行動変容効果 行動療法研究, 36, 69-81.
高岡昂太 (2008). 子ども虐待におけるアウトリーチ対応に関する研究の流れと今後の展望 東京大学大学院教育学研究科紀要, 48, 185-192.
高岡昂太 (2011). アウトリーチ 日本心理臨床学会 (編) 心理臨床学事典 丸善出版 pp.636-637.
高岡昂太 (2013). 子ども虐待へのアウトリーチ――多機関連携による困難事例の対応―― 東京大学出版会
田中康雄 (2013a). 子どもが障害を受け止めるとき・子どもと障害を分かちあうとき 下山晴彦・村瀬嘉代子 (編) 発達障害支援必携ガイドブック 金剛出版 pp.431-443.
田中康雄 (2013b). 発達障害のある子どもたちと生きる親 下山晴彦・村瀬嘉代子 (編) 発達障害支援必携ガイドブック 金剛出版 pp.467-482.
棚瀬一代 (2010). 離婚で壊れる子どもたち――心理臨床家からの警告―― 光文社新書
Thompson, R. B., Cothran, T., & McCall, D. (2012). Gender and age effects interact in preschoolers' help-seeking: Evidence for differential responses to changes in task difficulty. *Journal of Child Language*, 39, 1107-1120.
東京都社会福祉協議会保育部会調査研究委員会 (2003). 10 代で出産した母親の子育てと子育て支援に関する調査報告書
土田昭司 (1992). 社会的態度研究の展望 社会心理学研究, 7, 147-162.

上淵　寿・沓澤　糸・無藤　隆（2004）．達成目標が援助要請と情報探索に及ぼす影響の検討の発達──多母集団の同時分析を用いて── 発達心理学研究, 15, 324-334.

Vogel, D. L., Bitman, R. L., Hammer, J. H., & Wade, N. G. (2013). Brief report: Is stigma internalized? The longitudinal Impact of public stigma on self-stigma. *Journal of Counseling Psychology*, 60, 311-316.

Vogel, D. L., & Wade, N. G. (2009). Stigma and help-seeking. *Psychologist*, 22, 20-23.

Vogel, D. L., Wade, N. G., & Hackler, A. H. (2007). Perceived public stigma and the willingness to seek counseling: The mediating roles of self-stigma and attitudes toward counseling. *Journal of Counseling Psychology*, 54, 40-50.

渡辺弥生・小林朋子（編著）（2009）．10代を育てるソーシャルスキル教育──すぐに使えるワークつき── 北樹出版

Watanabe, N., Nishida, A., Shimodera, S., Inoue, K., Oshima, N., Sasaki, T., Inoue, S., Akechi, T., Furukawa, T., & Okazaki, Y. (2012). Help-seeking behavior among Japanese school students who self-harm: Results from a self-report survey of 18,104 adolescents. *Neuropsychiatric Disease and Treatment*, 8, 561-569.

Wei, Y., Hayden, J. A., Kutcher, S., Zygmunt. A., & McGrath, P. (2013). The effectiveness of school mental health literacy programs to address knowledge, attitudes and help seeking among youth. *Early Intervention in Psychiatry*, 7, 109-121.

Wilson, C. J., & Deane, F. P. (2012). Brief report: Need for autonomy and perceived barriers relating to adolescents' intentions to seek professional mental health care. *Journal of Adolescence*, 35, 233-237.

Wilson, C. J., Deane, F. P., Ciarrochi, J., & Rickwood, D. (2005). Measuring help-seeking intentions: Properties of the general help-seeking questionnaire. *Canadian Journal of Counselling*, 39, 15-28.

Wilson, C. J., Rickwood, D. J., Bushnell, J. A., Caputi, P., & Thomas, S. J. (2011). The effects of need for autonomy and preference for seeking help from informal sources on emerging adults' intentions to access mental health service for common mental disorders and suicidal thoughts. *Advances in Mental Health*, 10, 29-38.

山地　瞳・大東万紗子・久保仁志・福本奈緒子・宮原千佳・中村菜々子（2010）．発達障害児をもつ母親が抱く専門的援助に対する意識の分類 発達心理臨床研究（兵庫教育大学発達心理臨床研究センター）, 16, 37-49.

山本和郎（1986）．コミュニティ心理学──地域臨床の理論と実践── 東京大学出版

会
山崎喜比古(監修)的場智子・菊澤佐江子・坂野純子(編著)(2012).心の病へのまなざしとスティグマ——全国意識調査—— 明石書店
湯浅京子・櫻田　淳・小林正幸(2006).育児相談の被援助志向性に関する研究——ストレス反応と保健師に対する被援助バリアの視点から—— 東京学芸大学教育実践研究支援センター紀要, 2, 9-18.
Zwaanswijk, M., Verhaak, P. F. M., Bensign, J. M., Ende, J. V. D. & Verhulst, F. C. (2003). Help-seeking for emotional and behavioural problems in children and adolescents: A review of recent literature. *European Child & Adolescent Psychiatry*, **12**, 153-161.

おわりに

　本書は筆者の研究者（科学者）・実践家としての人生にとって非常に大きなものとなりました。1つの理由は，筆者にとって初めての単著となったことです。さらにもう1つ理由があります。筆者自身の援助要請の研究・実践は平成16年度（筑波大学4年次）に石隈利紀先生（筑波大学）のご指導の下に取り組んだ卒業論文に始まり，援助要請の研究者（科学者）・実践家を志し，未熟ながらも一応はそれらを名乗れる程度になるまでの私の10年間の集大成と言えるためです。

　研究者（科学者）・実践家をめざし歩んできたこの最初の10年を思い起こすと，「理論や研究」と「現場での実践」のつながりを自分の中で見出せない日々でした。研究は研究，実践は実践と，それぞれに学ぶことが多く充実した日々とはいえ，現場の実践上の問題意識から興味を持ったはずの「援助要請」という概念が研究するほど実践との距離を感じてしまうことさえありました。そのような悪戦苦闘の日々を経験し，最近になってようやく少し，理論や研究と実践がつながってきた感覚を持ち始めています。実践の効果を科学的に検証するという課題は残されているものの，本書で紹介した実践に援助要請の理論とのつながりを少しでも感じていただければ幸いです。

　本書を執筆する機会をいただきました金子書房の井上誠様に本当に感謝しています。筆者にとって初めての単著であり分からないことも多かったのですが，質問すると迅速かつ的確に助言をいただくことができ，安心して執筆できました。また，私のこれまでの10年間の研究にご協力いただき，実践を通して関わった子ども，親，教師をはじめとする多くの皆様，研究と実践に多大なご指導をいただきました筑波大学の先生方をはじめとする研究者（科学者）・実践家の皆様とのご縁によって，本書を完成させるに至りました。この場をお借りして感謝の意を申し上げます。そして，スクールカウンセラーとして多くのご指導をいただきました半田一郎先生（茨城県公立学校スクールカウンセラー），援助要請研究会でご指導いただき切磋琢磨してきた皆様，特に研究会の立ち上げから現在まで一緒に中心的に活動している水野治久先生（大阪教育大学），飯田敏晴先生（山梨英和大学），木村真人先生（大阪国際大学），永井

智先生（立正大学）をはじめ，多くの先生方との交流で学んだ成果も本書に活かされています。本書に掲載したイラストを作成してくださった研究室卒業生の松村恵美さんにも感謝申し上げます。さらに，本書には平成20～21年度の日本学術振興会特別研究員奨励費（JSPS08J00196），平成23～平成24年度の科学研究費補助金（若手研究（B），JSPS23730601）の助成を得て行われた研究成果の多くが含まれており，現在（平成25～平成27年度）助成を得ている科学研究費補助金（若手研究（B），JSPS25780402）の研究成果の一部も含まれています。何より心理学を学びたいという進路，生き方を快く応援してくれた故郷の家族，妻とその故郷の家族，そして執筆に時間を要し，原稿の締め切り間際には遊び足りなかったであろう0歳の娘に感謝しています。

　研究者（科学者）・実践家として歩み始めた筆者のこれまでの10年は援助要請の理論と実践のつながりを見出す悪戦苦闘の日々でした。これからの10年で果たして自分は何を経験し，何が見えているのか想像もつきませんが，妻と娘とともに歩む人生で悪戦苦闘し，助け合い，楽しみながら成長していきたいと思います。

　　　　　　　　　　　　　　　　　　　　　　　　　　　　本　田　真　大

索　引

あ行

アウトリーチ　56,169
アセスメント　92,142,144,147,151,156,159
アタッチメント　19
アタッチメント行動　19
いじめ　31,32,52,78,99,125
依存的援助要請　13
うつ病　29,30
ADHD　29,30,49
援助案　75,76,80,84,143,145,147,148,151,152,154,157,159
援助行動　6,84,85,119,122
援助資源　87,136,148,170
援助評価　14,15,44,45,60,71,77,112
援助方針　75,76,86,143,145,147,151,157,159
援助要請意志　8,9,25,29,30,39,48
援助要請意図　8,9,19,22,23,25,26,30,42,45,63,64,66-68,77,78,83,84,86,95,107,108,110-112,118,119,151,159
援助要請意図・意志　11,38,39,48,60,65,68,94
援助要請意図と援助要請行動のギャップ　22
援助要請感受性　77,111,125,131
援助要請経路　9,11,28,32-34,63,69,71,73,75-77,98,110,136,139,147
援助要請行動　7-9,11,15,17,19,22,38,40,41,60,63,68,69,77,84-86,88,94,96,118,151,157,169
援助要請スキル　14,15,23,29,60,68-70,89,110,112,118,122,126,167
援助要請態度　7,9,11,22,23,30,38,39,43-48,50,53,57,60,62,64,65,67,68,77,79,83,84,86-88,90,91,94,96,106,111,115,116,119,123,130,136,149,151,154,157-160
援助要請のカウンセリング　5,164,

166,169,170
エンパワメント　52
折り合い　4,83

か行

学業的援助要請　18,38
学校内適応指導教室　120
感情コンピテンス　79,80,102,106
機能的な援助要請行動　14,15,17,60,68,69,71,98,164,166
計画行動理論　65-67,84,94,111,112,116,117,151
構造　132,136
心が温かくなる言葉かけ　102
心の病　7,25,30,39,63,64,95,165
子育て支援サービス　41
子ども虐待　2,3,33,34,55,56,78,169
コラボレーション　168
コンサルテーション　138,140,168,169

さ行

最適な援助要請行動　13,16,68,98,164,166
サービスギャップ　13,165
三項随伴性　87,123
自殺　36
自殺念慮　25,36
自助資源　85,87,93,121,152
しぶしぶの相談関係　56
自閉症スペクトラム障害　28
10代の出産と子育て　52
集団守秘義務　89
自由来室活動　102,111,112,120,125,135,136
守秘義務　88-91
情報提供の技法　154
自律性への欲求　25,39
人工妊娠中絶　53
心理教育　51,87

心理主義　4
スティグマ　14,30,36,39,44,49,50,
　54,55,62,63,67,84,87,94,95,160
性暴力被害　34,51,52,78,79
整理するはたらきかけ　87
接触仮説　24,45,87,102,106
セルフスティグマ　62,63
潜在的ニーズ　76,141,145,146,148
選択性緘黙　144
ソーシャルサポート　6,70
ソーシャルサポート提供スキル　70,71
ソーシャルスキル　16,69,102
ソーシャルスキルトレーニング　70,82

た行

知的障害　31,48,50
チーム援助　138,150,169
チーム援助志向性　169
治療不安　53
DV被害　55
動機づけ面接法　167,168
TALKの原則　91

な行

ニーズ　76-78,152,153
認知行動療法　70,82

望ましい援助要請行動　12,17

は行

パーソナルサービスギャップ　42,112
発達障害　26-31,38,39,46,50
パブリックスティグマ　62,63
被援助志向性　9
ひきこもり　50
非行　32
PTSD　54
ひとり親家庭　54
4ステップの支援方法　73,74,92,96,
　98,139,140
不登校　31,52,119
報告義務　89

ま行

メンタルヘルスリテラシー　64,65,67,
　79,80,84,86,94,96
モデリング　122
問題解決スキル　80,82,107,109-111

ら行

離婚　35,36,54
リストカット　36

● 著者紹介

本田真大（ほんだ・まさひろ）

北海道教育大学教育学部函館校准教授。
1981年，新潟県生まれ。筑波大学第二学群人間学類心理学主専攻卒業。筑波大学大学院一貫制博士課程人間総合科学研究科修了。日本学術振興会特別研究員，北海道教育大学教育学部函館校専任講師を経て，2015年4月より現職。
博士（心理学），公認心理師，臨床心理士，学校心理士，認定心理士。
2011年，日本カウンセリング学会奨励賞（第35号）受賞。2013年，日本コミュニティ心理学会第16回大会学会発表賞（口頭発表部門）受賞。
著書は，『いじめに対する援助要請のカウンセリング─「助けて」が言える子ども，「助けて」に気づける援助者になるために』（単著，金子書房），『援助要請と被援助志向性の心理学─困っていても助けを求められない人の理解と援助』（編著，金子書房），『事例から学ぶ 心理職としての援助要請の視点─「助けて」と言えない人へのカウンセリング』（編著，金子書房），『中学生の援助要請行動と学校適応に関する研究─援助評価の検討』（単著，風間書房），など。

援助要請のカウンセリング
「助けて」と言えない子どもと親への援助

2015年5月30日　初版第1刷発行　　　　　　　〔検印省略〕
2020年1月29日　初版第2刷発行

著　者　本田真大
発行者　金子紀子
発行所　株式会社金子書房
　　　　〒112-0012　東京都文京区大塚3-3-7
　　　　電話　03-3941-0111（代）
　　　　FAX　03-3941-0163
　　　　振替　00180-9-103376
　　　　URL　http://www.kanekoshobo.co.jp

印刷　藤原印刷株式会社　製本　一色製本株式会社

© Masahiro Honda　Printed in Japan　　ISBN978-4-7608-2172-3　C3011